LES SATYRES DV SIEVR

DE COVRVAL-SONNET, GENTIL-HOMME

VIROIS,

DEDIEES A LA REINE

Mere du Roy.

A PARIS,

Chez ROLET BOVTONNÉ, au Palais en la
Gallerie des Prisonniers, pres la Chancellerie.
M. DC. XXI.

Auec Priuilege du Roy.

A LA REINE

Mere du Roy.

RANDE ET INCOMPA-
RABLE REINE , l'hon-
neur de l'Occident, la Gloire de l'Europe, l'Ornement
de la France, Fidelle Tutrice de l'Estat,
C'est à vos sacrez Autels, que i'oze sacrifier & immoler ces vers Satyriques:
Victime, que ie n'ay point purifiee de
son fiel, comme faisoient nos Anciens
és Sacrifices d'Hymenee, me persuadant
que le fiel Satyrique , estoit la plus ne-

ã ij

ceſſaire & importáte partie de l'Hoſtie,
que ie conſacre à voſtre Maieſté, pour
auoir la meſme vertu & proprieté, que
le Poiſſon du ieune Tobie, qui faiſoit
tomber les taïes des yeux, & guariſſoit
les Oftalmies : De meſme ay-ie creu,
que le fiel des Satyres que ie vous preſente en toute humilité, ſeruiroit de
Colyre & remede excellent, pour eſ-
clarcir & deſſiller les yeux des François,
couuers des taïes, d'vne inſenſible ſtu-
pidité, & endormiſſement pour leur
faire voir & recognoiſtre, les abus Symonies, Sacrileges, Corruptions, Iniuſtices & Larrecins, qui ont maintenant
tant de vogue & de credit, en ce Royaume, tant en l'Egliſe, Nobleſſe, Iudicature que Finances. Abus & deſordres,
qui fletriſſent l'honneur de la FRANCE,
faniſſent la fraicheur, ſaliſſent la blancheur, affoibliſſent l'odeur, & terniſſent
la ſplédeur de nos fleurs de LYS. A quel
Temple plus renommé, Autel plus ſa-

cré, Throfne plus Augufte, Deité plus adorée, Maiefté plus releuée, euffe ie peu offrir ce Sacrifice Satyrique, qu'à vous, MADAME, qui eftes la plus Noble & la plus Illuftre Princeffe de la Terre? Ayant l'honneur comme GRANDE REINE, d'eftre aliée à la Maifon de FRANCE, iffuë de celle d'AVTRICHE; & née en celle de FLORENCE. Qui font les trois plus Nobles, Illuftres & releuées familles, non feulement de l'Europe, mais de tout l'Vniuers. Si donc vous deuez eftre refpectee & honoree pour voftre fouueraine & diuine extraction, combien dauantage pour vos excellen-tes vertus, rares perfections, & merites? Car voyant en vous tant de graces, dont la nature vous a doüée, confiderant cet-te naïue douceur, dont elle a temperé voftre Royale grauité, Et oyant la voix celebre de la Renommee qui publie par tout la viuacité de voftre efprit, la foli-dité de voftre iugement, & l'elegance

6
de vos beaux difcours , qui vous font
admirer comme vne diuinité,

> *Reine Nymphe du Ciel, vos propos font*
>   *Oracles*
> *Vos penfers font diuins , vos actions mi-*
>   *racles:*
> *Bref vos rares vertus , & vos perfections*
> *Reffemblent vn Soleil, efclatant en rayons.*

Ce qui fait iuger & croire à tout le monde, que vous eftes l'épitome, l'abregé &
le centre des plus parfaictes, renommees
& vertueufes Princeffes de la Chreftien-
té. Vertus dont vous feites paroiftre &
efclater les effects, apres le funefte pari-
cide du feu Roy Henry le Grand d'heu-
reufe memoire , voftre bien aymé Ef-
poux, excellent en vertus , admirable en
bonté, incomparable en vaillance , qui
par fes labeurs nous auoit mis en repos,
par fes perils en feureté, par fes victoires
en gloire , Prince tellement releué en
toutes fortes de perfections & de merites, que nos cœurs touchez d'amour, &

nos ames d'admiration, l'aymoient en
l'admirant, & l'admiroient en l'aymant.

> *Chacun doit donc en se taisant*
> *L'adorer au Tombeau gisant,*
> *Car ses loüanges nompareilles,*
> *Sans langue, nous rendent muets,*
> *Et rauis de tant de merueilles,*
> *Nous n'auõs recours qu'aux regrets.*

Ce fut vous, GENEREVSE REINE, qui à
ceste touche d'aduersité, à ceste attainte
& rude secousse d'affliction, commune à toute la France, par vne Heroïque,
Royale, & plus que fœminine vertu, ferme constance, singuliere prudence, sagesse admirable, & generosité inuincible, rafermistes les Coulomnes de l'E-
stat merueilleusement esbranslees d'vn
si tragique & funeste accidét, qui auoit
estourdy les plus fermes, mis en syncope
les plus resolus, fait esuanoüir les iugemens plus solides, renuersé les plus releuez courages, fait trembler & mis en
alarme nostre Empire François.

Vn chacun penſant voir , en ce triſte acci-
dent
Perir auec le Roy, le ſceptre de la FRANCE
La Couronne & l'Eſtat tomber en deca-
dance,
Et que ce coup mortel, en ſeroit l'Occident.
Ce fut vous, AVGVSTE PRINCESSE, qui
au coucher de ce Soleil lumineux , dont
l'Eclipſe deſaſtreuſe , menaſſoit ceſte
gráde Monarchie de tenebres, de deſordre & de confuſion, paruſtes comme vn
Aſtre brillant, vn feu ſainct Herme, au
Ciel de la France, pour nous eſclairer, en
l'abſence de ce grand Phœbus , & pour
diſſiper les obſcurs nuages & broüil-
larts qui en l'Occident de ce Soleil François, euſſent peu troubler le calme & la
ſerenité de l'Eſtat, & alterer la paix & la
tranquilité publique. Ce fut vous,
GRANDE REINE, qui en ce grand eſton-
nement, eſtonnaſtes le malheur , ſou-
ſtintes courageuſement les Loix fonda-
mentales de l'Eſtat, r'aſſeuraſtes les ames

esbranlees, fortifiaftes les courages af-
foiblis, releuaftes les efperáces abatuës,
faifant voir en vn corps de Reine, vn
courage de Roy, Martial & belliqueux,
maniant les refnes & le gouuernail de
l'Eftat , pendant voftre admirable Regence, auec tát d'heur & de felicité, tant
de prudence, preuoyance, moderation
& iugement, que vous conferuaftes la
Couronne & le Sceptre au Roy voftre
fils, maintintes fa Puiffance, & fon Authorité, empefchaftes les defordres & li-
cences de l'Eftat, apaifaftes les querelles
& mefcontentemens , compofaftes les
differens, diffipaftes les ombrages , ia-
loufies & meffiances, eftouffaftes les fe-
mences des partialitez, confirmaftes les
aliances & vieilles amitiez des anciens
amis de cefte Couronne, Et pour comble de felicité, conferuaftes comme par
miracle, en vne faifon fi ombrageufe &
licentieufe, la paix & la tranquilité dans
ce Royaume, Et tellement acreutes fa

reputation au dehors , par vos Heroï-
ques & genereuses actions, que les plus
grands Princes & Monarques Estrangers reputoient à grand honneur & insigne faueur, que vous fussiez l'Arbitre
de leurs differents. Si l'Espagne se vante
& se glorifie pour ses plus hauts tiltres
d'honneur d'auoir donné naissance , à
ceste vertueuse , pieuse & courageuse
Reine, Blanche de Castille, mere de nostre Roy sainct Louys, pour l'assister en
sa minorité au gouuernemét de l'Estat,
ô que l'Italie a bien plus de subiet de se
glorifier , de nous auoir produit deux
grandes Reines, ou plustost deux Astres
lumineux , Toutes deux issués de ceste
Noble & Illustre race de MEDICIS, toutes deux destinees & enuoyees de Dieu,
pour faire florir nos Lis Fráçois, & pour
perpetuer le tige sacré de nos Rois , &
rendre leur succession esgalle à la duree
du Monde: L'vne qui fut, ceste Grande
Reine CATHERINE DE MEDICIS, VO-

stre Tres-honorée Tante, la perle & le
clair Diamant des Reines de son siecle.

Reine qui fut sur terre, en vertus sans pa-
reille,
De nos ans l'ornement, des futurs la mer-
ueille,
Que le Ciel preuoyant, tãt d'orages passez
Dont de loin les destins se sentoiët menassez,
Tira des Champs TOSCAINS, où l'Arne
espand son onde,
Pour regner sur la France, en tumultes
feconde,
Qui couronnant son chef, de maint lis fleu-
rissant,
Releua des VALOIS, le beau Nom pe-
rissant,
Et par le chaste sort, d'vn fertile Hymenee
Renouuela leur tige aux sceptres destinee.

Reine dis-ie, qui apres le funeste trespas
du Roy Henry second son mary, gou-
uerna la France comme Regente, durãt
le ieune âge de ses enfans, auec tant de
courage, de dexterité, bonne conduitte

& sagesse, qu'elle appaisa des orages &
tempestes ciuiles, où le plus souuent le
danger surmontoit l'art, & la necessité
forçoit la prudence, s'estant gouuernee
en l'ordre & conduitte des affaires de ce
Royaume comme les bons & experimentez Pilotes, qui haussent & baissent
les voilles de leurs vaisseaux, selon les diuerses occurrences des temps : Bref elle
eut ce bon heur & contentement extréme, de voir successiuement la couronne
briller sur les testes Royales de trois de
ses fils, ainsi que tesmoigne vn Poëte au
commencement de ce Quatrain:

Vne fleur de FLORENCE *, a fait voir la
Couronne*

Sur trois Rois de VALOIS,

Et vous, MADAME, qui donnerez l'ac-
complissement & la perfection à ce
Quatrain , encommencé pour vostre
Tante

*Dieu tout iuste, & tout bon,
Vne plus belle fleur, à la* FRANCE *redonne.*

Pour la rendre immortelle , au tige de BOVRBON.

Vovs,dif-ie, qui nous auez efté donnee & enuoyee du ciel, comme vn gaige affeuré de fes faueurs, & vn tefmoignage infaillible de fa diuine affiftance , pour maintenir & conferuer le falut de la Fráce,& feruir de Phare lumineux, fupport, inftruction & confeil à noftre ieune Monarque Lovys treiziefme voftre fils, nouueau Phenix,iffu des cendres de noftre Grand HENRY, la merueille des Roys, & le Roy des merueilles, afin qu'en l'Occidét du Pere, nous puiffions adorer l'Orient du fils, fur le front duquel on void defia reluire la Maiefté du Pere, la mefme douceur en fes yeux, la mefme promptitude en fes actions, & la mefme inclination en fes haults & courageux deffeins , qui me donnent fubiect de prophetifer de luy ces Oracles,

De l'onde où le Soleil paigne au matin fa *treffe,*

Iusqu'à l'onde du soir, où le sõmeil le presse,
Par armes il fera retentir son renom,
Il teindra son espee, au sang des infidelles,
Et comme sainct LOVYS , dont il porte le
Nom,
Il domptera les Rois , à IESVS CHRIST,
rebelles.

Ieune Mars, qui se rendra vn iour digne de tous les trophees, de tous les triomphes & lauriers de l'vniuers; Digne fils de son Pere, digne fils de sa mere, digne du Throsne glorieux de l'Empire François, digne de la gloire de tous les Rois ses predecesseurs , dont les actions plus belles, ne seront qu'Almanachs & Predictions de ses vertus, qui s'accroistront en luy de plus en plus, par la bóne nourriture & pieuse education que vous luy auez donnee, & les bons & salutaires aduis, & prudens conseils , dont vous l'auez assisté en la foiblesse de son aage, au gouuernement de l'Estat dont vous vous estes si fidellement & dignement

acquitee, pendant le cours de voſtre Regence, que vous auez non ſeulement eſ-
gallé, mais ſurpaſſé de beaucoup le merite & reputation, de ceſte Reine Blanche d'Eſpagne, qui fut iugee par ſes Heroiques actions au gouuernement de ce
Royaume, la plus ſage, iudicieuſe & vertueuſe Princeſſe de ſon ſiecle. On peut
ſans flaterie vous comparer à ceſte genereuſe & courageuſe Reine des Gots,
Amalazonte, à qui l'Hiſtoire attribuë
tant d'honneur, & donne tant de gloire, pour auoir ſi heureuſement conſer-
ué le Sceptre & la Couronne à ſon ieune
fils. Vous auez fait de meſme, MADAME,
& les fleurs de Lys qui vous auoient eſté
baillees comme en depoſt apres le treſpas funeſte de noſtre inuincible Monarque, Henry le Grand (qui vous auoit
reſigné la force de ſon entendement, les
reſpects de ſa Maieſté, la felicité de ſon
regne & l'affectió de ſes ſubiects,) n'ont
point fleſtry en vos mains ; vous les re-

mistes en celles du Roy vostre fils, le iour
de sa Maiorité, aussi vertes & fraiches en
leurs tiges, que blanches & odorantes
en leur fleur, au grand contentement de
tous les François, dót leurs cœurs espa-
noüis d'aise, & leurs ames en danse, au
son de tant de prosperitez, par des ac-
clamations de ioye & d'alegresse & des
ressentiments de voix fauorablemét es-
esclatees, vous donnerét vne infinité de
loüanges, & vous en rendirent milles
actions de graces, benissans de cœur &
de bouche, vostre heureuse Regence,
soubs les aisles & fauorables Auspices
de laquelle, la Fráce auoit ioüy d'vn admirable repos & miraculeuse tráquilité.
Regence que tous les parlemens de Fráce, les Estats generaux du Royaume, &
tous les Ordres ensemble, ont celebree
& loüee auec mille benedictions & ap-
plaudissemens, ne s'estant iamais remarqué és siecles passez, vne plus Auguste &
admirable Regence, ny vn plus heureux

&

& fauorable gouuernement que le voftre, dont l'excez en eft fi grand, qu'il
eft capable d'en defrober la creáce, aux
fiecles futurs. De forte MADAME, que
fi la Loy de la Religion, eftoit auffi
puiffante que celle de l'obligation, on
deuroit vous eriger des Statuës, baftir
des Temples, efleuer des Autels, & offrir des Sacrifices, comme iadis feift
Rome, à la Nourice de fes deux Fonda-
teurs: A vous dif ie, qui auez l'honneur
d'eftre Mere de Deux GRANDS PRIN-
CES, les viues & fermes Coulomnes de
L'ESTAT, en la vie defquels la France
eft plus tenue & obligee au Ciel, & à
vous, qu'elle ne feroit en la mort de
tous fes ennemis, ce qui m'enhardift de
vous dire

> Qu'vn iour ma Mufe plus hautaine,
> Celebrant des fruicts fi tres-dous,
> Doibt chanter auec plus d'halaine,
> O GRANDE REINE, que c'eft vous,
> Qui rendez FRANCE fortunee

é

Par vn tres-fœcond Hymenee,
Dont le fruict Royal signalé
Rendra son repos perdurable,
Bon-heur qui n'a point de semblable,
Et qui ne peut estre esgalé.

Quels honneurs, quels respects, hommages & submissions, vous doiuent rendre tous les FRANCOIS, GRANDE REINE qui estát issuë de l'Aigle, du costé maternel, feustes seule recognuë entre toutes les Princesses de l'Europe, capable d'aprocher de pres, & regarder fixement ce brillant Soleil, ce GRAND HENRY, ou plustost ce second mars d'heureuse memoire, tous autres yeux se fussent esblouïs, à l'aspect d'vne si grande lumiere. Les vostres seuls soustindrent ce brillant esclat, & par vne douce reflexion, le serain de vostre face Royale, a releué nos esperáces, aux plus hault Epicycle de toute felicité, & nous a faict voir en nos iours, par vostre heureuse fœcondité, les asseurances de noſtre repos: Ie diray encore vne fois, Belle & Diuine REINE, que vous feuſtes ſeule choiſie, pour eſtre l'Eſpouſe du plus grãd, plus puiſſant, plus courageux & redouté Monarque de l'Vniuers, pour enſemencer comme en la fatale conionction de Mars & de Venus ce puiſſãt Empire, de petits Dieux, oſtages du Ciel pour l'eternité de noſtre Salut; nouueaux Alcions pour la bonaſſe & le calme eternel de noſtre tranquilité : Et qui auiourd'huy en graine ſur la France, paroiſtront vn iour en fleur ſur noz ennemis, & porteront le fruict de leurs victoires au quatre coins de la terre habitable. Quelle Heroique & Diuine Muſe? Quelle langue diſerte? Quelle docte & mignarde plume? quels elegans Panegyriques & releuez Paranymphes, pourroient donc eſtre ſuffiſans de chanter les louanges, raconter les vertus, deſcrire les perfections, & re-

preſenter les merites, d'vne ſi Genereuſe & Magnanime REINE, comme
vous, MADAME, qui en voſtre graue
douceur, douce grauité & hauteſſe de
courage, pourriez eſtre honoree & a-
doree, ſoubs le tiltre de Mere de MARS,
ſi vous n'en auiez point eſté l'Epouſe:
Voſtre MAIeſté eſt toute vertu, voſtre
corps toute chaſteté, voſtre front toute modeſtie, voz yeux toute grace, voſtre parolle toute verité, voſtre cœur
toute loyauté, voſtre ame toute pureté:
Toute de rocher contre l'orage & la
tempeſte des afflictions, toute de pur
or, en la virginité de voſtre foy. Toute de feu & de flammes, au zele ardent
de vos pieuſes deuotiós. Toute de ro-
ſes & de fleurs en l'odeur & douceur de
voſtre bonté, ſincere affection, & bien-
veillance enuers tous les François, qui
vous ont, & auront à iamais vne extréme obligatió, pour vne infinité debiés-
faicts, faueurs, liberalités, & bós offices,

que vous auez rendus à la France & à
l'Eſtat, qui meritent d'eſtre eſleuez
comme en Trophee au Temple de la
Gloire, burinez ſur le front de la Memoire, & grauez en lettres d'or, ſur
l'erain & le Marbre de l'Eternité.

> *Qui peut donc nier, qu'apres Dieu,*
> *Voz biens-faicts, qui n'ont point d'e-*
> *xemples,*
> *N'ayent merité que dans noz Temples,*
> *On leur donne. le ſecond lieu.*

A quel autre plus puiſſant Dieu , ou
Deeſſe Tutelaire, euſſe-ie donc peu offrir & cóſacrer ces poëmes Satyriques,
qui reprennent, auec tant de liberté
& de hardieſſe, les abus, deſordres &
maluerſations de l'Eſtat, qu'à vous
Madame, qui auez touſiours faict pa-
roiſtre, par mille preuues & ſignalez
teſmoignages, la ſinguliere affection
que vous auez euë de ſa conſeruation,
& vn incroyable deſir, de ſa reformation; Actions qui vous ont acquis les

glorieux & honorables Tiltres, non
ſeulement de Mere de Roy, mais Tutrice & mere de l'Eſtat. Receuez donc,
GRANDE REINE, Perle Celeſte, Image
de la toute bonté, Receuez ces pre-
mieres ſubmiſſions & deuoirs, de ma
deuotion à voſtre ſeruice, d'auſſi bon
viſage que les ouurages plus mignar-
dement & delicatement polis : Et par-
donnez à mon audace, ſi i'ay ozé temerairement faire voille, auec ceſte
petite Fregate, ſur le vaſte Ocean de
voz loüanges : Et faire briller ſur ce
foible papier, vn petit eſclat du Soleil
de voz diuines vertus, qui meriteroiét,
non le ſtile bas & rauallé d'vne ſim-
ple Epiſtre Dedicatoire, mais des Ilia-
des, Æneides, Franciades, Medicea-
des, & autres grands & releuez Poëmes, pour eterniſer à iamais le Nom &
les merites de la plus Illuſtre, diuine,
vertueuſe & parfaicte Reine de l'vniuers. Qui ſera l'endroict où ie finiray
ce diſcours, par vne ardante priere,

à la Maiesté Diuine, luy disant auec
le Pindare François.

Garde ceste REINE fidelle,
Ceste REINE, dont les bontez
De nostre foiblesse mortelle
Tous les defaux ont surmontez;
Pour tousiours la combler de ioye,
Desuide aux ans de son destin
A longs filets d'or & de soye
Vn bon-heur, qui n'ait point de fin:
Quelques vœux que face l'enuie,
Conserue luy sa chere vie,
Et tiens par elle enseuelis,
D'vne bonasse continüe,
Les Aquilons dont sa venüe,
A garanty noz Fleurs de Lis.

Ce sont les vœux, que vous souhaite

MADAME,

Voftre tres-humble & obeyf-
fant Seruiteur COVRVAL-
SONNET.

AV LECTEVR,

E ne doubte point Lectevr, que quelques Pelerins de Sainct Mathurin, enyurez du miel de Trapezonde, Cerueaux estropiez, ames Cacochymes & vlcerées, consciences gangrenées, ne vomissent vn Ocean de calomnies, sur ses miennes Satyres, que i'ay exposees à la veuë du Public : Et les trouuans vn peu ameres à leur goust depraué, & de dure digestion à leur estomac desbauché & corrompu, ne me portent incontinent sur les Fonds de leurs passions, pour me baptiser du nom de Mesdisant : Et s'efforçans de vouloir regler mes conceptions au compas de leurs affections, esleuer & abaisser mes inclinations aux contrepoids de leurs appetits, & mesurer ma volonté au niueau de leurs desirs, diront pour me calomnier que i'eusse

mieux faict de donner cariere à ma plume,
faire ioüer les ressors de ma Muse, sur vn
meilleur & plus agreable subiect, sans l'employer à Controller & Censurer les actions
d'autruy, trencher du Reformateur d'Estat,
du Censeur à gros grain, & du Satyrique à
double rebras. Mais ces Sycophátes Calom-
niateurs, (qui ne portent semence ny fruict
non plus que les Cypres) apprendront pour
respóce, qu'aucune passion, ou affection par-
ticuliere, ne m'a poussé à traicter ce subiet Satyrique, & mordant, que le seul zele de l'honneur de la France, & le bien de l'Estat ; Car
voyant des mœurs si deprauees, des abus si
euidents, vn siecle si peruers & corrompu, siecle remply d'iniquité, tout noyé au desbord
de ses vices, rocher endurcy en l'opiniastreté
de ses erreurs, Affrique abondante en Monstres de desordre, & de confusion ; il m'a esté
comme impossible de me retrancher dans le
silence, donner trefue à ma plume, faire banqueroute à mon denoir, retenir mes conce-
ptions soubs bride, & empescher les saillies &
boutades Poëtiques de ma Muse.

Qui bons Dieux n'escriroit, voyant ce temps icy
Quand Apollon n'auroit mes Poëmes en soucy,
Quand ma langue seroit sans Muses, & muette
Encore par despit ie deuiendrois Poëte.

Pour ſyndiquer & reprendre les abus, maluerſations & deſordres, dont ce malheureux
ſiecle, l'eſgouſt, & l'excrement de tous les autres, eſt ſi fertil & abondant, que *Difficile eſt*
en iceluy, *Satyram non ſcribere*, à joindre

> *Qu'il n'y a, ny rhubarbe, agaric, ny racine,*
> *Qui puiſſe mieux purger, la malade poiĉtrine,*
> *De quelque patient, fiebureux, ou furieux,*
> *Que fait Vne Satyre, Vn cerueau Vitieux.*

Ie croy qu'il ne ſe trouuera vn ſeul bon François, ayant l'ame tant ſoit peu touchee de l'a-
mour de ſa patrie, & de l'honneur & grandeur
de ceſte Couronne, qui du fonds de ſon cœur
ne deteſte tels abus, homme ſi retenu à qui
patience n'eſchappe, voyant tant de confuſion, de deſreiglemēt, & de deſordre, en tous
les ordres de l'Eſtat, tant en l'Egliſe, Nobleſſe
que Tiers-Eſtat, ſoubs lequel dernier, l'on
comprend la Iuſtice & les Finances. Si nous
entrons dans l'Egliſe, nous trouuerons que la
Symonie y eſt comme en ſon Zenit, & en ſon
Solſtice Meridional, nous y verrons vne Banque ouuerte à tous Marchāds, vne Mercerie,
Coraterie, Maquignonnage des biens ſpiri-
tuels: Nous n'en reſortirōs point ſans y ren-
cōtrer vne Carauane de Cuſtodinos & Con-
fidētaires, qui pour Trente deniers, pour vne
legere penſion vendent en Traiſtres Iudas le

ſang du Crucifix à la Nobleſſe Layque , ouurent les portes , abbatent les pont-leuis de
l'Arſenal de l'Eglife , y donnent libre entree
aux Gentils-hommes pour y prendre & rauir
d'vne main Sacrilege & prophane les biens &
reuenus de l'Autel deſtinez aux Miniſtres de
Dieu qui portēt le Diuin Caractere empraint
au ſommet de leurs teſtes.

Si nous entrons dans les ſacrez Temples
d'Aſtrée, dãs les Palais de Themis, nous trouuerons que l'Iniuſtice, & la corruption, y ſont
en quartier & en tres-grande authorité. La
Iuſtice a reſſort rompu, toute courbée & pliée
ſoubs le peſant faix de l'Iniuſtice, toute eſche-
uelée & à teſte qui luy tombe ſur les pieds, à
front fait à ſyllons, à yeux ternis & enfoncez,
à maſchoire aualée, à cuir tout fleſtry, a taint
jaunaſtre & plõbé, à voix baſſe & caſſee, à pa-
roles entrecouppees de hocquets & frequens
ſouſpirs, faiſant ſes triſtes complaintes, contre
ſes Miniſtres & Officiers, qui par concuſſions,
rapines, & chicaneries l'ont ainſi deffiguree,
& miſe en ſi piteux eſtat, qu'il ne luy reſte aucune marque , de ſon premier embonpoint,
gaillarde ſanté, & ancienne dignité.

Si nous metons le pied dans les Pauillons
dorez des Chambres des Comptes, & bureaux des Finances, nous trouueront que

le larecin y a eſtably ſon Throſne, & ſiege Souuerain, qu'il y tient ſes grandz iours, ſes Aſſiſes, & Mercuriales. Au reſte ſi i'ay reprins vn peu aigrement en ma premiere Satyre, les Paſteurs & Prelats, desbauchés, qui ſe gouuernent mal en leur charge, ie ne penſe point pour cela auoir manqué, au reſpect & reuerence qui leur eſt deuë, ny raualle & rabaiſſe, lexcellence de leur Diuine & releuee qualité, m'eſtant gouuerné en ceſte Cenſure comme l'Aigle de Iupiter, à l'endroit de ſon Mignon Ganimede, qui le guindant, & eſleuant vers le Celeſte ſeiour, racourcit, & reſerra ſi dextrement, ſes ſerres & ongles crochues, de peur de l'offenſer, qu'elles ne paſſerent point outre le veſtement de ce Mignon des Dieux. Ie puis dire de meſme, & ateſter que les ongles picquants & aigus de ma Satyre, ont eſté tellement reſerrez, qu'ils n'ont touché & penetré que la robe, & les actions exterieures, des mauuais Prelats, ſans entamer l'exelence de leur dignité, ny la pureté, ſolidité, & verité de leur doctrine. Ie pourray donner le meſme aduis, à Meſſieurs de la Nobleſſe, qui ſe pourroient peut-eſtre offenſer de ce que i'aurois laſché quelques traicts picquants en ma ſecõde Satyre contre l'impieté, & l'euidẽt

Sacrilege de quelques Seigneurs, & Gentils-hommes, lesquels soubs ombre de leur eminente, & releuee qualité, mettent effrontément les mains à l'Arche du Sanctuaire, & en bourdonnans Freslons, & Guespes murmurantes, picorent la cire & le miel des Ruches de l'Eglise, qui n'apartient qu'aux sainctes & diuines Auettes qui trauaillent spirituellement en icelle. Ne vous en mettez donc point en cholere genereuse Noblesse, ce n'est qu'à ces Freslons de Gentils-hommes, qui volent à tire-d'aisle, sur les Ruches Episcopales & Beneficiales, pour en tirer le suc, & Quintessence, que ie pointe & adresse ces Sagettes Satyriques, & non point à ces genereux, & pieux Seigneurs François, lesquels aymeroient mieux mille fois mourir, que d'vlcerer leur conscience, flestrir leur reputation, & fanir les lauriers de leurs frōs & les palmes de leurs mains, de si enormes & detestables sacrileges; ie n'ignore point quels honneurs, on doit rendre à la vraye & parfaicte Noblesse, à ces Nourissons de Mars, zelez deffenseurs de l'honneur de Dieu & de son Eglise, qui ont porté la reputation de la France, iusques aux frontieres plus reculees des Royaumes Estrangers; protecteurs de l'Estat, luysantes Planettes & Astres brillans, autour du Soleil de la France: qui en la

vertu de leurs courages, & la valeur de leurs
espees, affermissent le repos de ceste Monarchie, & maintiennent la grandeur & reputation de ce florissant Empire. Ie prieray
Messieurs de la Iustice de receuoir fauorable-
ment, & de bon œil, les mesmes excuses. Que
si ie me suis vn peu eschauffé en ma 3. Satyre, à
detester les abus, corruptions, & larrecins, de
quelques iuges corrompus , & peruers Officiers: Ie ne pense point pour cela encourir la
disgrace de la plus grande, plus saine, & meilleure partie de leurs Confreres , qui exercent
leurs charges en gens de bien, & qui en fide-
les Neptunes, tiennent tousiours le Gouuernail de la Iustice droict , nonobstant les tempestes, orages, & trauerses de ce depraué , &
desordonné siecle: Officiers, dis-ie, qui comme autant de perles precieuses , conseruent
la pureté, integrité de leurs consciences , &
dans le limon de la corruption du temps; tous
semblables à ce fleuue Alphee tant renommé, qui trauerse la Mer sans se saller, pour
aler rendre ses eaux claires & douces à la
fõtaine d'Arethuse; Ainsi font ces Messieurs,
qui passẽt à trauers l'Ocean des concussions,
rapines, & larecins, qui regnent pour le iour-
d'huy, sans rien retenir, de leur amertume,
& salleure, & vont rendre les eaux de leurs
consciences, pures & nettes, à la fontaine

d'Aſtree. Si donc i'ay repris & cenſuré les meſchans, qui de dos tourné à l'Equité, & à la Iuſtice, prennent le large de leurs apetits corrompus, & courent à toute bride, où les rapineux eſlans, de leurs auares paſſions, les tranſportét, jà à Dieu ne plaiſe que ie vueille pour cela temerairement calomnier le corps de la Iuſtice, ny blaſmer l'integrité, & Majeſté des Parlemens, que ie recongnois eſtre autant d'Aſiles, & de Temples ſacrez, pour la Iuſtice, & l'innocence. Parlements que ie reuere,& adore, cóme les hauts Epicycles de la Royauté, Arcsboutans de l'Eſtat, fermes Coulomnes de la Monarchie, ornements de nos Fleurs de Lys; Parlemens qui repreſentent autant de Cieux, diaphanes & Criſtalins en pureté & ſolidité, Tous releuez de Couronnes Royales de noſtre Monarque François, rehauſſez de ſa grandeur, parez de ſon Sceptre, glorieux de ſes triomphes, diaprez de ſa gloire, tous brillans de l'or de ſa Supreme Maieſté. Cieux qui n'ont pour Soleil que noſtre Roy, pour Poles que ſa puiſſáce, pour Colures que ſa bonté; pour Meridien que ſon authorité, pour Orizon que ſa volonté, pour Tropiques que ſes Arreſts, & Ordonnances, pour Zodiaque, que la diuerſité des Chambres de Iuſtice, diuiſees en ſes Cours, tant Souueraines, qu'inferieures : Cieux estoilles de vertus, lambrissés de grandeur, azurez de Majesté, parsemez de Diademes & de Sceptres, enrichis de tapis, tous damassez de Fleurs de Lis : Cieux qui ont leurs Estoilles fixes, & leurs Astres Errans : Fixes ceux qui sont fermes en leur deuoir, & desquels la conscience assise sur le cube solide de l'equité, ne se destourne iamais de la droicte orniere & du sentier de la Iustice. Astres Errans les Iuges corrompus, & mercenaires, qui roullent & se precipitent, dans les larges & creuses fondrieres de l'iniquité, & se perdent dans les brouillas, & obscurs nuages de l'iniustice, qui sont ceux à qui s'adressent particulierement mes Satyres. Quant à Messieurs des Fináces, ils trouueront la mesme excuse, grauee en gros caractere, sur les portiques, & frontispices, de leurs Bureaux & Chambres des Comptes : ie sçay que la plus grande, plus saine & meilleure partie d'entr'eux, sont yssus de tres-nobles, anciennes, & vertueuses familles, qui se ressentans de leur genereuse extraction, seruent courageusement & fidellement le Roy au maniment de ses Finances. Mais aussi faut-il qu'ils confessent, qu'entre ce grand nombre de dignes & vtiles membres, dont leur

corps

corps general est composé, qu'il s'en remar-
que quelques vns, comme la lie au bas du vin,
& la crasse dessus le plomb, qui comme Auortons desnaturez volent le Roy, & le public,
qui sont ceux de qui i'entends parler en ma
Quatriesme Satyre, gents dont on ne peut
loüer la vie que par paradoxe, desquels les
mains sont si fretillantes, poisseuses, & pleines
de glus, que tout leur est de guerre, & leur
semble de bonne prise, gens en vn mot si ac-
coustumez à friponner, que si ce n'estoit l'Ange, & le Chien, desroberoient la Peste à l'Image sainct Roch.

Mais ces infames & deffectueux membres,
ne doiuent non plus preiudicier à vn si noble
& vertueux corps, que le fratricide Caïn à la
famille d'Adam; l'impudent & effronté Cham
à celle de Noé, l'Idolastre Ismaël, à celle d'A-
braham, le rebelle Absalon à celle de Dauid;
ny le traistre Iudas à la compagnie de nostre
Saueur. Que si i'ay lasché le frain à ma Muse
pour la laisser galoper, à bride abatuë, dans le
detestable Champ de la Venalité des Offices,
comme source, & origine de nos desordres,
boutique & magazin des vents qui ont trou-
blé la bonasse, & la tranquilité de cet Estat, ie
n'ay pas merité d'en estre repris, n'ayant entrepris le blason, & descry que i'en ay faict,

que fur vn grand nombre de remonſtrances
faiêtes de temps en temps , depuis plus de ſix
vingts ans en ça en toutes les celebres & ſo-
lemnelles aſſemblees des Eſtats Generaux de
France, tenuës en pluſieurs & diuers lieux de
ce Royaume , où ie renuoye le Leêteur curieux , par leſquelles la reformation & entiere abolition d'vn ſi deteſtable & pernicieux abus, à touſiours eſté inſtamment re-
quiſe & demandee. Si on me dit, que la longueur de ſix vingts ans doit auoir authoriſé
cet abus, & que c'eſt choſe perilleuſe, de vouloir faire vn renouueau de choſes vieilles , &
ramener à l'Alphabet de l'ordre , ce qui eſt à
l'Amen de tout deſordre & confuſion, ie reſ-
ponds à ces Paracliſtes d'Eſtat, que s'eſt trop
flatter & dorloter vn erreur inueteré , & treſ-
mal aſſeurer vn inſigne & pernicieux abus, de
le vouloir apuyer ſur le front ridé & ſillonné
de l'antiquité. C'eſt pourquoy aux derniers
Eſtats, nagueres tenus à Paris en l'an 1615. Les
dix, vnze, douze , & treiziéſme Articles, des
Cayers des Deputez de toutes les Prouinces
de ce Royaume, contenoient en ſubſtance, &
requeroyent que ce Monſtre hideux, ce Hydre renaiſſant à pluſieurs teſtes , ce couppe-
gorge de la vertu, ce Napelle venimeux , ce
Baſilic contagieux de Venalité d'Offices, qui

qui de son son halaine pestilente infecte , & corrompt la Iustice, fust extirpé & retranché du corps de l Estat,comme vn membre pour-ry & gangrené. Reformation d'abus, d'amen-des en vne tres-belle occasion , & en vne sai-son tres-oportune , auiourd'huy que la Fran-ce.ces afflictiós escartees,& hors du flux cou-rant de ses fureurs Ciuilles, releuee du milieu de ces cendres,en l'ascendãt de son bon-heur, & sur le trot de sa bonne fortune,se plonge,& se baigne,au calme & en la bonasse de ses pro-speritez.

> *Maintenant que nos LIS , ont repris leur beauté*
> *Et que nostre œil reuoit lantique Maiesté*
> *Du Royaume & de Lois,dedãs son Trosne assis*
> *Il ne faut plus donner aux abus tant de prise.*

Que si i'ay fait d'ailleurs quelque brusque sail-lie,sur le nombre excessif & effrené des Offi-ciers de Iudicature , qui ne seruent que pour introduire des Colonies d'Auarice , d'Igno-gnorance,& de Coruption en la Iustice, à la ruyne de la Majesté, foulle & opression de ses Subiects,ie n'ay pas esté le premier qui ay re-marqué ces abus, Car aux derniers Estats te-nus à Paris,il n'y a que cinq ans,le Roy à pre-sent regnant , fut supplié par tous les Trois ordres de son Royaume , de suprimer par mort,vne partie de ses Officiers,& les reduire

au nombre ancien, porté par l'Ordonnãce de
Blois 1576. Arefter le Cours de la Venalité,
interdire toutes efpices & emolumens de Iu-
ftice, & augmenter les gages des Officiers de
Iudicature , defquels le nombre eft exceffif.
Mais ce n'eft rien au prix de cefte fourmil-
liere & guefpiere de Financiers inutils , finon
à efpuifer les Coffres de fa Maiefté , affoiblir
l'Eftat,& ruyner le peuple. Nombre qui cau-
fe que les principaux Financiers font vn Eftat
dans l'Eftat , & vne Caballe & monopole fi
grand,achetant les premiers Offices de la
Chambre des Comptes pour leurs Enfans,
Gendres,parens & Aliez,dont ils authorifent
les larrecins & maluerfations , que fi on n'y
donne ordre , ils auront à l'aduenir affez de
puiffance par leurs inuentions & fubtils artifices de s'oppofer aux volontez de fa Majefté
ou pour le moins les eluder; Et d'autant qu'il
ne fe trouue pour le iourd'huy aucuns Offices en ce Royaume, ou l'on face mieux , &
plus promptement fa fortune , qu'en ceux de
Finance,ou les richeffes comme les œufs de la
Murene, croiffent tout en vn inftant , & arri-
uent à leur plain : profeffion ou Meffieurs les
Financiers deuiennent incõtinent plus grãds
que ce fils de Neptune Ephialtes,qui croiffoit
tous les Moys de neuf doigts , ou comme ce

poiſſon Amia qui d'heure en heure, s'agran-
diſt & s'augmente; Cela eſt cauſe qu'vn chacun affecte & deſire auec paſſion extréme, de
poſſeder tels Offices, pour taſcher à manier
l'argent du Roy, & le compter & calculer en
ſorte que ſuiuant la premiere Reigle d'Arit-
metique, on l'adiouſte touſiours au ſien. C'eſt
là ou giſt la parfaicte & ſubtile Reigle de
Trois, le ſecret des ſecrets, la tranſmutation
des metaux & la Pierre Philoſophale; C'eſt
là qu'on peut faire l'Elixir, ou Grand Oeuure,
ſans diſtillation, bref c'eſt la qu'on trouue la
Toiſon d'Or, ſans faire voile en Colcos

Qu'on rencontre vn Peru, plus riche mille fois,
Que les ſurgeons dorez, des plus riches Indois.

Si donc i'ay deteſté, & Cenſuré par mes Satyres tant d'erreurs, abus, maluerſations & deſ-
fordres, pouſſé d'vne ſyncere affectiõ au bien
de l'Eſtat, & d'vn extreme deſir de la reformation, qui ſera ſi paſſionné & priué de ſentiment, de m'en vouloir calomnier, & baptiſer
mes iuſtes & legitimes reprimandes du nom
de libelles diffamatoires, ſinon ces ames vlcerees de Symonies: Toutes pouries & putre-
faictes de Sacrileges: Gangrenees de Corruptions, & d'Iniuſtices: Toutes Chancrées, &
Eſtiomenées, de larrecins, Gẽts qui fuyans le
Soleil & la lumiere de toute reformation, ne

tirent & empruntent leur vie, biens, & aduan-
cemens que dans les Eclipses du desordre:
Chats huants, & Chauuesouris, qui ne volent
librement, qu'en la nuict de nos Confusions.
Vaultours, & Corbeaux rapineux, qui ne se
repaissent, & engraissent que des Charongnes
puantes de nos corruptions, & ne bastissent
leurs riches & aduātageuses fortunes, que sur
les ruynes publiques : Gés en vn mot qui fas-
chez de voir leurs larrecins & maluersations
representees au Naturel par le pinceau, & les
brillantes couleurs de la verité, sur la Toille
de mes Satyres; voudroiēt pour rassasier leur
vindicatif appetit, sacrifier ma reputation, &
immoler mon honneur à l'autel de leur indi-
gnation & vengeance, & me traicter s'ils pou-
uoient à pareille rigueur que ce gentil Lace-
demonien Alcippus, qui pour auoir parlé du
fonds de l'estomac, & fait ioüer sa langue, & sa
plume à mesme ressort que son cœur pour le
bien de sa patrie, fust iniustement banny de
Sparte. O que ces Malcontens desireroient
bien me faire courir pareille fortune: Mais ils
sont recusables, & repellables, par fin de non
receuoir, à joindre que iamais la liberté d'vne
sage plume ne fur criminelle soubs le Regne
d'vn bon Prince, qui en bonne intelligence a-
uec la verité, luy donne aussi-tost l'entree du

cœur que de l'aureille, & se façonne autãt à la
dire, & à la croire, qu'à l'escouter. Ie diray dõc
à ces Lydiens effeminez, à ces ames lasches &
pusilanimes, que le desir que i'ay tousiours eu
de faire triompher la verité, sur les abus de ce
Royaume, & les desordres de l'Estat, m'a di-
spensé de Sacrifier à la peur, comme les Peuples de Lybie: Ancré sur ce ferme rocher, &
affermy sur le Cube de ceste belle resolution,
ie me suis efforcé de reprendre les vices du
temps, & les erreurs du siecle, Tout hardimẽt,
sans rien craindre que le Ciel & mon Roy,
tout librement, pour ne tenir rien de seruile,
Tout au naïf & au naturel, pour n'estre point
Flateur, Tout brusquement, & d'vne plume
hardie, pour tascher à remettre les François
desbauchez, au train de leur deuoir, & sur les
pas de leur ancienne vertu, sans craindre
ny redouter les attaintes d'vne mauuaise
langue, & d'vne bouche sans mords &
sans bride. Peut estre, on me dira qu'il y a
des traicts bien libres, & bien hardis,
en mes Satyres, mais c'est pour censurer
des erreurs & abus si euidents, & si dignes de
reprimande, qu'il y a moins de mal à les dire,
qu'à les faire, & comme dit nostre Historio-
graphe François, la liberté des parolles est de-
fenduë aux Ignorans qui ne sçauent ce qu'ils

difent, aux Impudens qui ne peuuent rien tai-
re, aux Meſchans qui parlent contre le propre
ſentiment de la raiſon Que les meſchãs m'a-
pellent meſdiſant, parce que ie ne ſçay mentir, Que les ignorans m'eſtiment menteur, parce que ie ne ſçay flater, cela n'eſt point capable de me mettre en cholere, il me ſuffit de
plaire à la Verité, l'ame, le ſuc & le vif argent
de mes Satyres. S'il y a de la meſchanceté à eſ-
crire les choſes faulſes, c'eſt vne grande laſ-
cheté, que de diſſimuler les vrayes. Il n'y à
peril ſi euident, qui doiue obliger celuy qui
reprent les vices en general, de celer la verité,
bien que ſa roſe ſoit eſpineuſe, ſa parolle peu
amoureuſe, & qui picque le plus ſouuent, au
lieu de chatoüiller, ſi eſt-ce toutesfois, qu'il
faut touſiours faire ferme ſur la verité La plus
grande diſgrace qui puiſſe arriuer à celuy qui
la deſcouure, c'eſt d'eſtre menaſſé, de choſe
qu'il ne peut euiter, les coups les plus mortels,
ne le peuuent rendre qu'immortel. Ie ſçay
que mes enuieux, qui comme Mouſches Can-
tharides, s'atachẽt ordinairemẽt aux plus belles fleurs, ne manqueront pas, au Soleil Leuant de ces Satyres, de bourgeonner, eſclorre,
& mettre au iour les puantes fleurs de leurs
calomnies, pour les empoiſonner: Et broyer
toute ſortes de couleurs ſur le marbre de leur
paſſion, pour les deſchiffrer, & deſpeindre à

leur fantaisie, & pour cõmencer à les griffon-
ner, lampasser de gueules, & representer en
cheuron renuersé, ils s'ataqueront peut-estre
à la teste qui est l'Epistre liminaire, dediee à la
Reine Mere du Roy, que selon leur goust,
ils trouueront peut estre disproportionnee,
pour sa trop grande longueur, comparee à la
petitesse de l'œuure: Mais ie respondray à
ses passionnez enuieux, que, il faut qu'il y ait
proportion & corresponpance, entre la parolle & le subject qu'elle exprime: Et que
Orationis dignitas, & amplitudo, adæquare debeat
rei magnitudinem comme dict Ciceron: com-
ment eussé-je peu, auec des parolles racour-
cies & Laconiques, descrire & representer
ce nõbre infiny de vertus, & perfections, qui
brillent en ceste Grande PRINCESSE à qui
elle est dediee? Vertus qui n'auront iamais
assez de parolles, tousiours basses, tousiours
courtes pour exprimer vn si digne & admirable subject: Et qui peut donner assez de par-
funs aux Dieux, assez de louanges à ceste
Grande REINE, à qui la France & l'Estat
ont tant d'obligation? PRINCESSE qui re-
leue ses actions vertueses si haut & à tel
poinct de grandeur, qu'on demeure bas au
pied de leurs merites, vertus & actiõs si doux-
flairantes, que sur la recherche que l'on en
voudroit faire pour les representer, on de-

meureroit en deffaut, comme on dict qu'en
Sicille, perſonne ne chaſſe ſur le Mont Ætna,
pour la violente & forte odeur des violettes
qui croiſſent ſur ſa cyme, qui oſtent le ſentiment aux chiens; De meſme en l'excelente &
doux flairante odeur, des vertus de ceſte
Grãde & AVGVSTE REINE, les meilleurs
& plus expers chaſſeurs & perquiſiteurs de
ſes louanges, y perdent le ſentiment, &
demeurent comme eſblouys au brillant eſclat de ce Soleil de vertus, & ne paroiſſent
non plus que petits moucherons, qui ce voudroient en vain efforcer auec les foibles aiſle-
rettes de leurs diſcours mal polis, de guinder
& eſleuer au Ciel de ſes merites ceſte Aigle
genereuſe, ou pluſtoſt Celeſte Deeſſe:

Dont la iuſte louange. au Ciel meſme cherie
Tant grande qu'elle ſoit, n'eſt iamais flaterie.

Que ſi ces cenſeurs au grand reſſort, trouuent tant de diſproportion entre l'ouurage
& la Dedicace, qu'ils apprennent, que l'autel
qui repreſente ladite Epiſtre, doibt touſiours
eſtre plus grãd que le ſacrifice, qui ſõt le ſdites
Satyres. Que s'ils trouuent quelque choſe à
drapper, reprendre & regrater en ladite E-
piſtre, ie m'imagine que la preſente PREFA-
CE n'en ſera pas quitte à meilleur marché,
& qu'ils la chargeront des meſmes deffaux,
qu'ils pourront auoir remarqués en l'Epiſtre,

& pour ombrager leur critique cenfure, di-
ront en bouffonnant, que les faux bougs
font plus grands que la Ville ; Mais ie diray
pour toute refponce à ces controolleurs de
haute lice, que cela eft commun a beaucoup
de bonnes Villes de ce Royaume, fans que
cela diminuë en rien, de leur beauté, traficq
& reputation. Iay mainte-fois remarqué,
voyageant par la France, plufieurs fuperbes
Chaſteaux d'vne tres-belle & riche ſtructure,
dont le Frontifpice de quelques - vns eſtoit
beaucoup plus grand en la proportion, fui-
uant les regles ordinaires du compas, que
tout le reſte du baſtiment, fan s que l'archi-
tecture & forme d'iceux, fuſt iugée pour cela
manque & deffectueuſe. I'ay donc eſté obligé pour trois raifons, de dreſſer ceſte Pref ce
vn peu longue contre l'inclination de mon
naturel, & mon ſtile d'efcrire : La premiere
pour preuenir la calomnie, traictant vn fub-
ject ſi chatouilleux & efpineux, que celuy
de mes Satyres, à ioindre que *iacula præuifa
minus feriunt*, Et qu'il n'euſt pas eſté temps de
baiſſer la viſiere du cafque, quand le coup de
calomnie euſt eſté lancé dedans. Iay donc
eſté d'aduis de faire comme le cerf, auparа-
uant que le ferpent de la cenſure me picque,
i'ay voulu le tirer de fon creux, le monſtrer

au iour & l'ecraſer du pied, à la face du Soleil.
La ſeconde raiſon eſt pour monſtrer & faire
cognoiſtre aux Lecteurs , ſur quelle trame &
meſtier mes Enuieux & Mal-veillans, pourroient ourdir & monter la toille de leurs
cenſures & calomnies. La troiſieſme pour
aduertir les meſmes Lecteurs de l'integrité de mes intentions : Que ſi ces cenſeurs en paſſé cramoiſy , & ces Catons en
broderie, font ſi degouſtez & difficiles à remettre en appetit, ie leur donne aduis de ne
lire point ces Satyres, de peur que leur eſto-
mac desbauché & corrompu ne changeaſt &
conuertiſt comme l'Araigne, le ſuc & la fleur
de la lecture d'icelles, en vn venin tres-dan-
gereux, au lieu de ſeruir d'antidote & contre-
poiſon à leurs vices. Lecture diſ je qui comme vn Antimoine mal preparé, pourroit eſ-
mouuoir & remuer leurs peruerſes & malignes humeurs, dont l'eſmotion ſeroit peut-
eſtre capable de leur faire vomir & cracher
vn torrent de calomnies & d'injures, tant ſur
l'ouurage que ſur ſon Autheur. A Dieu Lecteur, ie vous baiſe les mains.

FIN.

IN SATYRAS
DOMINI DE
COVRVALSONNET.

EPIGRAMMA.

ARgiui Latijque metros reſonare Poetæ
Ceſſet qui certat Sacra tenere iuga
Mordaces contra COVRVALI euoluat iambos,
Vnus Apollineas ſuppeditabit opes.

AD EVNDEM.

IAM tibi (Castalidũ ô Numẽ) memorabile nomen
Orbe dedit toto, Muſa referre prior :
Aſt quæ corruptos Sæcli pede carpit Iambo,
Mores ; Sydereos præbet adire globos.

MICHAEL SONNET
AVCTORIS NEPOS.

CONTRE LE SCRV-
pule de ceux qui s'ima-
ginent auoir part en
ces Satyres.

M Ais que vous sert tant de cageol,
Si ces vers vous blessent la Ratte
S'en est faict, ils ont pris leur vol,
Qui sera roigneux qu'il se gratte.

A MONSIEVR
DE COVRVAL SON-
NET SVR SES SATYRES.

SONNET.

Q VON ne chante le los du grand Meonien,
Ny l'honeur qui de Stace enrichit le Trofee,

Qu'on ne celebre plus la harpe d'vn Orfee,
Ny les Tragiques ieux du Docte Athenien:
Qu'on ne loüange plus l'expert Venusien,
Qui porte d'vn laurier la Couronne etofee,
Car leur nom, & leur gloire est quasi etoufee
Par ce Docte COVRVAL, fils du Dieu Cynthien,
Lequel va censurant par ces vers Satyriques
Nobles, Iuges, Prelats, & Financiers iniques,
Si bien qu'il a l'honneur par ces Doctes escrits,
Son stile graue-enflé, & sa veine fluide,
Sur Stace, Homere, Orfee, Horace & Euripide,
Qui viuans, volontiers luy cederoient le pris.

AV MESME.
SONNET.

Comme vn Chef genereux mõstre son excellence
Aux Cõbats plus sanglans, par ses premiers as-
Faisant iuger, cõbien aux belliques trauaux   (saux,
Martial est son cœur, & rare sa prudence:
De mesme cet assaut que ta plume commence,
Pour censurer le vice, & reprendre les maux
Suffit, pour t'esleuer sur les Astres plus beaux
Et te rendre vn Soleil esclairant à la France:
Et biẽ que tõ Sçauoir, ta Muse, & tes beaux ans,

Promettent cy apres des Ouurages plus grands
Capables de brauer les efforts de la Parque:
Si est-ce toutefois que cet eschantillon,
Te fait cognoistre à tous pour enfant d'Apollon,
Vray Caton des François, des   ices l'Aristarque.

DE FLEVRANGES,
Gentil-homme Picard.

A MONSIEVR
SONNET, SIEVR
DE COVRVAL.

SONNET.

Soit que vous imitiez du Chantre Meonide
L'heroïque douceur, en vos sublimes vers,
Soit que vous esgalliez en vos amours diuers,
D'vn stile doux coulant l'ingenieux Ouide:
Soit que le vitieux à sa perte vous guide,
Pour le vesperiser parmy cet vniuers,
Et que vous surpassiez en mysteres couuers,

Les

Les Syndiques Censeurs, du peuple Romulide:
Vous bastissez dãs VIRE vne autre Rome, & Grece,
Tenant par vos Escrits mille Lecteurs en laisse,
Imitant, egalant, & surpassant l'honneur,
D'vn Homere Gregeois, d'vn Ouide, & d'vn Perse,
Bref ie croy, si Pallas n'est à mes vœux aduerse,
Qu'il n'y aura iamais, dãs VIRE vn tel Sonneur.

DES VAVX LIEVTENANT,
aux Esleus à Vire.

ΕΙΣ ΣΑΤΥΡΙΚΟΝ ΠΟΙΗΜΑ ΤΟ Κ. ΚΥΡΙΟΥ
ΚΟΤΡΒ ΑΛΙΟΥ ΣΟΝΝΕΤ ΠΕΡΙ ΤΟΥ ΠΑ-
ΡΟΝΤΟΣ ΧΡΟΝΟΥ ΠΤΩΜΑΤΩΝ ΗΧΩ.

Εννεπέ μοι ἠχὼ εἰν ὅρισι ναιετάουσα,
    Τίς Φοίβου ἀπεῖ ἀτερόεντα δόμον;
Μῶν δέχεται μασῶν τῦτο ἤ ἐκ ὑασιν αὐδάς;
    ΑΥΔΑ ὑφαίνει αἶνος ἀιδῦ; ΙΔΟΥ.
Μῶν κεῖνος μεγάλῳ τελέθει Ρονσάρδῳ ὁμοῖος;
    ΟΙΟΣ Πιερίδων φῶς ἐϋειδές; ΙΔΕΣ.
Μῶν κεῖνος Φλάκκου ἀχρείυσω μεῖζον ἔσεσθαι;
    ΕΣΤΑΙ πιιντῶν ὅκλον ἀγείρει, ΕΡΕΙ.
Ασμασι παρνησσῶν μῦνος κινεῖ μελίγηρυς,
    ΓΗΡΥΣ ὁσσῳπατρίδος φέγγος ὀφείλλει, ΕΛΕΙ.
Μῶν κρεὶς ΣΟΝΝΕΤΙΟΥ τίλθει ἄιγλη στεφάνοις,
    ΟΙΟ ἄπελει ἠχὼ, ἀγλαὸν ἐστ κλέος.

Ioannes Marquer Viriensis.

IN EVNDEM
AVCTOREM
ANAGRAMMA.

THOMAS SONNET.
TE MANET HONOS.

ANdæum fileat Mauortia turba Maronem,
    Mæonium taceat Græcia Docta senem.
Nec Calabrum tellus iactet Saturnia vatem,
    Ronfardum haud celebret Gallia magna suum.
Andæus, Calaber, Ronfardus, cedit Homerus
    SONNETIO; Mufis gloria maior erit?
Ergóne par Phæbo formidas fcandere Pindum?
    TENE perennis HONOS, téne corona MANET?

Ioannes Marquer Virienfis.

ΕΠΙΓΡΑΜΜΑ
ΕΠΙ ΤΗΣ ΚΥΡΙΟΥ ΚΟΥΡΒΑΛΟΥ ΕΙΚΟΝΟΣ
ΕΝ ΑΡΧΕ ΤΟΥΤΩΝ ΣΑ-
πνειχων γεχφθείσης.

Οἷον ἔπαξε φύσις μὲν τέχνη ποῖον ἔγραφεν
Ἤδ' ὅταν ποθέει ἀμφοτὲρ εὗρος ἐλεῖν,
Ἀμφοτέρας τοσον περέχει πλυϊδεια γράφας
Οὐ γόνυ, ὡς τέχνη καὶ φύσις ὦοι γονδι.

IDEM LATINE.

VT finxit Natura fagax, Ars æmula pinxit
    Dúmque fimul certant quæ fit honore prior:
Sic illas vicit mentem virtutibus ornans
    Vt Natura labans, Ars habeatur iners.

C. *Toftain Virienfis.*

IN OPERA POETICA DOMINI DE COVRVAL.

CARMEN.

TE folum tellus nofcet NORMANA Poetam,
    Labra Caballinis nam maduere vadis.
Et tibi concedit magnos quos ceffit honores,
    Claro clara fuo Gallia Virgilio.
Mæonius Vates, Phrygias dicendo ruinas,
    Emeruit nomen reddere perpetuum.
Æternam Stati, docta Thebaide laudem
    Suftulit ad geminos celfa Camœna Polos.
At tu bullatis qui inflas tua carmina verbis,
    Nomen Lethæis iure carebit aquis.

CESAR-SONNET
filius auctoris.

SVR LES SATY-RES DE MONSIEVR DE COVRVAL.

SONNET.

Vers de mon cher Courual, dont la iuste licence
Nous fait voir le subeit de tãt de maux di-
Qui sous le voile obscur de ce siecle peruers (uers,
Ont gangrené par tout les menbres de la France,
C'est par vous que mon Prince aura la cognoissance
Des trauaux que son Peuple a si lõg tẽps souffers,
Depuis que tant d'esprits sont sortis des Enfers
Pour luy succer le sang, & rauir sa substance.
C'est par vous qu'elle espere ô beaux vers desormais
De se reuoir vn iour plus saine que iamais ;
Il ne luy reste plus qu'vn peu de scamonce
Pour purger de son corps ces mauuaises humeurs
,, Lors que d'vn mal caché la cause est enseignee
,, Le remede est facile encontre les douleurs.

L'EPERONIERE ANGOT.

VERSION DES VERS GRECS
& Latins de Monsieur Toſtain
ſur le portraict dudict ſieur
de Courual.

LE Peintre a ſi bien faict, à l'enuy de Nature,
Que tãdis que l'hõneur chacun d'eux ſe procure
Ils perdent l'vn, & l'autre, & la gloire & le pris,
Pource qu'eſtans tous deux recognus corruptibles
C'eſt raiſon, que Courual par ſes doctes eſcrits,
Remporte icy tout ſeul ces honneurs infaillibles.

L'EPERONIERE.

A MONSIEVR
DE COVRVAL-SON-
NET.
ODE.

COVRAL qui ſur les beaux Eſprits
Emportez dignement le pris

Vostre gloire est par tout semee
Vous n'auez plus à ceste fois
Pour la rendre plus renommee
Besoin de plumes ny de vois.

Par tout où l'on peut cheminer
On vous entend par tout nommer,
Mesme les Nymphes des Campagnes
Vous vantent de tiltres diuers
Et les Deitez des Montaignes
Ne iurent que par vos beaux vers.

De moy qui frequente les Sœurs
Dont vous auez tant de faueurs
Que le nombre en est sans limite:
Elles m'ont tellement chanté
La grandeur de vostre merite
Que ie vous croy leur Deité.

Receuez donc diuin Esprit
Ce que ma Muse vous escrit
En tiltre de fidelle hommage.
Mon defaut s'y void clairement:

LES SATYRES

DV SIEVR DE COVRVAL-
SONNET, GENTIL-
homme Virois.

SATYRE PREMIER.

MVSE qui des abus as tant d'experience
Dy moy, qui te retiēt ſi long tēps en ſilēce,
As tu point de ſujeƈt aſſez pour cōpoſer
Tu dis qu'ō a tout dit, qu'il ſe faut repoſer,
Et que trop d'Eſcriuains Tiercelets d'ignorance
Empeſchent maintenant nos Imprimeurs de France
D'vn tas de Poëmes vains : Si qu'il eſt plus d'Auteurs
Et de Poëtes nouueaux, qu'vn printēps n'a de fleurs.
L'Arcadi ne produit, tant d'Aſnes gris enſemble,
Et tant de Renards blancs noſtre nouuelle Zemble,
Le Nil de Cocodrils : Les buiſſons Poiƈteuins
Tant, & tant de Lezards, & Serpens viperins :
L'Egypte de Dragons, d'Harpies Bythinie,
L'Inde de Perroquets, de Tygres L'Hircanie,
L'Afrique de Lyons, & de Monſtres diuers :

A.

Comme la France faict, de Composeurs de vers:
Ils courent parmy nous, ô choses bien estranges,
Plus espoix que ne font les mouches en vendanges:
Que d'intitulemens, bizarement conceus
Au front de leurs Escrits par la France receus.

    L'vn s'intitulera; le seuere Aristarque,
Qui d'ongles, & de bec, grands & petits attaque,
    L'autre plus retenu, ira s'intitulant,
Le fidelle Amoureux: L'infortuné Amant.
Ie diray sans flatter que rien tant ne me fasche
Que ses lascifs Autheurs, dont la Muse est si lasche:
    L'vn tout bruslé d'amour, semera par ses vers,
Son amoureux venin par ce large vniuers.

    L'autre passionné, lubrique, & sans ceruelle,
Rend par ses vers lascifs; sa Muse Maquerelle:
Qui pourroit mettre au trot, d'amoureuse action,
Le plus chaste Hypolite, ou froid Melanion
Dedans sa solitude: ou quelque Anacorette
Reclus, & retiré dans la grotte segrette
De quelque obscur desert: Muse qui flechiroit
L'Hermite le plus sainct, & le desbaucheroit:
Lisant les vers lascifs, d'vne Muse lubrique,
Il ny à Mysantrope; où refroigne Cynique
Qui ne s'en trouue esmeu: si austere Fueillant,
Capucin si deuot, qu'elle n'aille esbranlant:

    L'vn dont l'esprit quinteux, en ses pensers s'egare,
S'efforceant d'imiter les Poetes de Megare,
Ne sçachant où sa verue, & sa quinte affiler
Bastira phrenetiq des Chimeres en l'aër,

Et folastre incensé, donnera tout sur l'heure
Quelque intitulemeut chimerique à son œuure.
	L'autre paraphera , le front de ses discours
De quelques vieux Romains , ou Paladins d'amours,
D'Vrgand, Roger, Rolant , Bradamante, ou Armide,
Amours aduentureux de la belle Floride :
Les amoureux combäts du vaillant R. odomont
Ou les tristes souspirs du plaintif Lysimont.
	Quelque mordant bauard, auorton de Tripiere
De sa Muse fera vn banq de Harengere,
Des Halles Petit-pont, ou la place Maubert,
Qui faict leçon d'iniure , & tient College ouuert.
	L'autre suyuant l'erreur, du siecle fantastique
Sans doctrine rendra , sa Muse vne boutique
Plainne de mots dorez, propres aux Courtisans,
Comme font la pluspart des poetes de ce temps ,
Qui se mirent contens , en leur vaine fluide,
Sans ombrager leurs vers , de doctrine solide,
Pour leur doner le lustre:ainsi qu'aux beaux pour traits
Qui sans ombre & relief ne sont iamais parfaicts :
A la Court neantmoins, leur Muse on tient Diuine
Et saict on vn Dieu sainct , d'vne idolle si vaine:
Tant ce siecle abusé , de populaire erreur
Se laisse deceuoir, d'vn vers plain de douceur :
Si bien qu'on ne void plus , sur la docte poussiere
D'Helicon , vn seul pas, d'Hesiode ou d'Homere:
D'Arate, de Pindare, & Nicandre Gregeois:
Des Latins d'vn Virgille : Horace:& des François
					A ij

D'vn Ronsard, d'vn Bellay, Bartas, Belleau, Iodelle,
On n'entend plus en vers, vne doctrine telle.

   Les Poëmes du temps, qui semblent bien dorez
Ne sont rien que de bois, idolles, adorez
De tous les Courtisans, qui veulent sans science
Des vers couuers de l'or, d'vne belle apparence:
C'est dequoy ie me plaincts, sans personne offenser,
Oyant des vers si vains, si hautement priser
Aux Estalons de Court, Dames, & Damoiselles,
Qui se plaisent aux chants, des Syrenes pucelles,
De ses monstres marins, qui montrent au dehors,
La moitié seulement de leur fœmenin corps,
Le reste est vn serpent, caché sous la marine :
Ainsi les vers du temps, n'ont rien que la poictrine
Et la moitié du corps, qui consiste en beaux mots,
Doux, coulans, fœmenins, le reste est sous les flots
Et le fluide Cours, de leur Ignare Muse,
De tels vers à la Cour, les plus Grands on amuse.

   Quelque bauards Trasons, & effrontez Autheurs,
Pour subtils attirer, grand nombre de Lecteurs,
En pipeurs charlatans, & vendeurs de triacle,
Vsent d'inscriptions, qui promettent miracle
Au front de leurs Escris : de hauts tiltres enflez,
Et dintitulemens, graues, & ampoullez,
Affin de conuier, vn chacun à les lire,
Voyant dessus leur front ses beaux tiltres reluire :
Mais rien qu'enflez balons, montagnes d'aparat ;
Qui n'enfantent que vent, ne ptoduisent qu'vn rat.

Et mille autres Saillies, & fougues poëtiques
Qu'on peut plustot nommer, passions phrenetiques
D'espris, qui vont flatans leurs fantasques fureurs
Pour ne laisser chommer long-temps, nos Imprimeurs
Qui de ses Poëmes font vne grande largesse
Si tost qu'ils sont esclos, & sortis de la presse :
De sorte que l'on void autant d'inscriptions
De poëtiques escris, qu'il est d'affections,
Et d'apetits diuers, qui les voudroit escrire
Et assembler en gros, on en feroit vn liure,
Plus grãd, & plus massif, que n'est le cours du Droict
Qui les inscriptions seulement descriroit
De ses Poëmes diuers, qu'en la France on imprime,
Où chasque Autheur s'efforce, acquerir de l'estime.

A quoy tout ce discours, sinon pour t'aduertir
Ma Muse que tu dois, le silence tenir
Et laisser en repos, ta Poëtique forge
Entre tant d'Escriuains dont la France regorge :
En vn temps si fascheux, vn siecle si peruers,
Veu mesme qu'à la Court, en horreur sont les vers,
Et la saincte Poësie, à present mesprisee,
Sert de iouet aux grands : aux petits de risee :
Qui donc voudroit escrire en temps si perilleux,
Sans s'exposer en butte, aux esprits chatoüilleux
Qui feront de nos vers, vne Capilotade,
Ou bien leur donneront, la gesne ou l'estrapade.

Si pour escrire on prent, quelque suiect nouueau
On sera relié, ou en buffle, ou en veau,

Par vn tas d'enuieux, de langues mesdisantes,
De freslons bourdonnans, & de guespes picquantes,
Qui ne font miel, ne cire, ains seulement bourdonnê
A l'entour de la ruche, & les mouches estonnent.
    Quoy ma Muse crains tu les langues serpentines
Des Atheistes meschans, & ames libertines,
Qui le souuerain bien, à mesdire ont tous mis,
Et ne pardonnent pas, à leurs propres amis :
Ne crains pour ces bauards, à censurer le vice,
Et ceste ordre furie, & harpie auarice :
Laquelle à tant de cours, maintenant parmy nous,
Que les plus gens de bien, sont estimez des fous,
Des buzards insensez, des niais, sans science,
Qui du trein de ce siecle ignorent, la cadence :
On ne faict cas que d'or, richesses, & moyens
C'est le parfun des Dieux, & la myrrhe & l'encens,
A l'Eglise, au Palais, au Louure, & aux Escolles,
On ne prise que l'or, l'argenne, & les Pistolles,
C'est le Dieu de ce temps, & le Soleil leuant
Que les humains çà bas vont sans cesse adorant,
D'vne adoration, supreme de Latrie,
On practique auiourd'huy cette Idolatrerie
Pour adorer cét or, ce Soleil esclatant
Deuant lequel chacun, les genoux va pliant :
On luy dedie Autels, Temples, & Sacrifices ;
Par hommages on luy rend, de tres-humbles seruices,
On le sert teste nuë, on luy offre le Cœur,
Ainsi comme au vray Dieu, & supresme Seigneur.

Ce Dieu, ce clair Soleil, n'est subiect à l'Eclypse,
Il n'est ombre, ny nuict, qui sa splendeur ternisse
Luy seul esclaire à tous, & n'est point esclairé,
Il ne reuere aucun, de tous est reueré,
Il n'est point commandé, & à tous il commande,
Il ne demande à nul, mais chacun le demande
Rois, Princes, Empereurs, Papes, & Cardinaux
Luy viennët rëdre hômage, ainsi qu'humble Vaßaux:
Bref c'est le Dieu puißant, qui domine en la terre,
Qui tous les biens mondains, entre ses mains enserre:
Si bien qu'il ne se trouue aucune nation
Depuis le chaud Midy iusqu'au Septentrion
Et du Soleil couchant iusques à son Aurore
Qui se jaulne metal ne reuere & adore
Comme vne Deité, adorable aux humains.
      Qu'on reuere à genoux, qu'on prie à iointes mains
      Nonobstant ses honneurs, vn Poëte Moderne
Nous faict n'aistre cet or, du profond de l'Auerne,
Le chante par ses vers, source de tous malheurs
Et le fatal flambeau, des Eumenides Sœurs:
Que donc fut mal-heureux ce penetrant Lincee,
Qui dardant les rayons de sa veuë insensee,
Dans les profonds segrets, des cauains infernaux,
Feist cognoistre au Soleil, le Soleil des metaux:
Que pleust à Dieu qu'encor, les mains croches du vice,
Liurans l'homme en seruage, à l'infame auarice,
Sur le mont Pangean, pour troubler l'vniuers,
Neußent de l'or caché, les malheurs descouuers.
                              A iiij.

Ou pleust à Dieu que l'or, nous feist n'aistre des aistes
Pour guinder nostre vol, és choses les plus belles,
Qu'il dorast les vertus, & que son riche pris,
Du vice abhominable, engendrast le mespris
Car lors nous ne verrions tant de Sardanapalles
A qui l'or sert d'amorce, aux voluptez brutalles,
Tant de Nains, qui du front pensent heurter les cieux
Tant de pauvres prudens, de riches vitieux ;
L'or en ce temps ferré, qui des vertus n'a cure
Est des vices humains, l'inhumaine pasture,
Vn charme de l'esprit, apast, des desloyaux
Semence de soucis, eslement de tous maux,
Chancre de la vertu, gangrene de nostre ame,
Qui la liure à la fin, à l'infernalle flame
Pour y brusler sans fin. ô brutalles erreurs
Où tombent des premiers les Prelats & Pasteurs.
Ie parle des meschans, tous les bons ie respecte
Ainsi que petis Dieux, & rien tant ie n'affecte,
Que pouuoir tesmoigner à la posterité,
De quel ardent desir, i'ay tousiours souhaitté ;
D'honnorer les Prelats, excellens en merites,
Qui comme Diamans, Rubis, & Chrisolites,
Esclatent en l'Eglise, & monstrent en tous lieux
Que ce sont en vertus, des astres lumineux,
Qui nous seruent de guide, & Tramontane claire,
Affin de nous conduire, au port tres-salutaire
Du ciel, nostre patrie, ou tous nous aspirons
Nos nauires guider, par ses diuins patrons,

Par ses doctes Prelats dignes de mille eloges :
Les saincts Martins de Tours, Martials de Limoges,
Hilaires de Poictiers, Irenez de Lyon,
Saturnins de Thoulouse, excellens en renom:
Et mille autres Prelats, qui leur sont comparables
Lesquels vont imitans leurs vertus admirables.
Comme leurs successeurs, mirouers de chasteté :
Magasins de vertus, vaisseaux de pureté ;
Arches qui de la Loy, gardent les sainctes Tables,
Pour l'enseigner au peuple, en Prelats venerables,
Et la verge, d'Aron, afin de le guider,
En vigilans Pasteurs, tres-soigneux de garder
Leur fidelle trouppeau : la Manne pour le paistre,
Le corps de Iesus-Christ, en ce desert terrestre.

	Bref ce sont petits Dieux, dedans leurs Eueschez
Puis qu'ils ouurent les Cieux, remettent les pechez,
Damnent les obstinez, & font plusieurs miracles,
Ressuscitent les morts, & chassent les Diables.

	Ils ont mille beaux noms, titres & qualitez,
Qui vont representant, leurs sainctes Maiestez;
Sainct Mathieu les appelle, astres flãbeaux du mõde,
Sainct Luc, sel de la terre, en sagesse fœconde :
Et sainct Hierosme encore, Vicaires generaux
Des Apostres de Dieu, & leurs diuins Heraux,
Vrais arsenals, remplis d'œuures toutes Diuines,
Truchemeus du grand Dieu, ses Oracles insignes,
Fontaines de Helin, pour la force & vigueur
De leur saincte doctrine, admirable liqueur

Qui venant arrouser des ames le parterre,
Leur faict porter des fruicts en la sterille terre
De ce desert mondain : Bref ces diuins Prelats
Qui de Dieu leur Soleil , empruntent les esclats
Brillens plus que iamais , aux Eglises de France
En doctrine , bonté , sagesse , & suffisance ;
Ce n'est donc point à eux , que i'adresse mes vers
C'est à ses faux Prelats Lubriques , & peruers
Qui brussez d'auarice , exercent en l'Eglise
Vn trafiq tout public , vne orde marchandise
D'acheteurs & vendeurs , qui profanans ce lieu
Font vn marché public , de la maison de Dieu :
Vne Halle , vn Tripot , ou vne Banque estrange ,
A proprement parler , c'est la place du Change ,
De Paris , de Lyon , de Venise ou d'Anuers :
Ainsi les lieux sacrez , aux Marchands sont ouuers ,
Rien ny regne auiourd'huy , que toute Symonie
La saincte Pieté , en est presque banie :
Les Maquignons Prelats , d'auarice entachez ,
Vendent à purs deniers , Abbayes , Eueschez ,
Acheptent Prieurez , Prebendes , Benefices ,
Ainsi comme ils feroient , de profanes offices :
L'Eglise est vne foire , ouuerte à tous marchands
Ou le bien de l'Autel , se vend aux plus offrans :
     O impudens Merciers , meschans Symoniaques ,
Il faut que par ses vers Censeur ie vous attaque ,
Maquignons Regratiers , des biens Spirituels ,
Iudas , qui profanez , de Dieu les saincts Autels

Par vostre Symonie, effrontee & damnable,
O maudite auarice, ô peste abhominable,
Tu profanes de Dieu, la Diuine maison
Faisant vn vray marché, de ce lieu d'Oraison,
Y vendant, achetant, les biens du Sanctuaire
Par vn trafiq publiq, venal & mercenaire.
Symoniques peruers, auez vous point de peur
Que Dieu ne vous punisse, en sa iuste fureur?
Comme il feist autresfois les vendeurs dans le Teple?
Cela vous doit seruir, de mirouër & d'exemple,
Pour vous faire quitter; ceste abhomination
Et ce villain trafiq inuenté par Symon.
Quoy Pasteurs, voulez vous reduit en Apennage
Faire du bien de Dieu, vostre propre heritage?
Et de ce bien sacré enrichir vos parens?
Destiné pour ayder, aux pauures indigens:
La moitié pour nourrir le Pasteur, soit Euesque,
Prieur, Abbé, Curé, Chanoine, ou Archeuesque,
Et le reste employé, en œuures tres-pieux:
Non pas pour enrichir, vos Freres & Neueux,
Comme font la pluspart, (erreur par trop commune)
Qui vont de leurs parens, bastissans la fortune
Aux despends de l'Eglise, & des biens de l'Autel,
Mais ils en rendront conte au grand Dieu immortel,
Ce bien n'est point à eux, pour en faire partages,
Ny pour en acquerir, rentes, ou heritages,
Mais il est destiné seulement pour seruir,
Au grand Dieu tout Puissant & les Pauures nourir

Acheter ornemens, & pretieux Calices,
Pour seruir à l'Autel, des Diuins sacrifices.
Mais ses maudits Prelats, plains de charnels desirs,
Discipent tous ses biens, en leurs mondains plaisirs:
Qui me faict estonner que la fureur Diuine
Tels desbauchez Prelats, sous terre n'extermine,
Qui les biens de l'Eglise ayants entre les mains
Les consomment lascifs à nourir des putains,
Bouffons, escornifleurs, flagorneurs, maquerelles,
Qui sont de leurs amours, messageres fidelles,
Vrayes cheures allaitans, les impudicitez
Les infames plaisirs, & les lubricitez,
De ses bouquins Curez, & lubriques Euesques,
Abbez, Prieurs, Doyens, Chanoines, Archeuesques;
Abismes où nous voyons, tels charnels s'abysmer,
Et tout le reuenu, d'Eglise y consommer.
Mais ce pain de l'Autel, ce sacré bien d'Eglise
Ne doit estre employé, en telle marchandise
Tels biens spirituels laschement profanez
A nourrir des putains, ne sont point destinez,
Chiens, cheuaux, oyseaux, & prodigue despence,
En piaffe d'habits, luxe, & magnificence,
En despence de bouche, & banquets sumptueux,
En vaisselle d'argent, & meubles precieux,
Chaines, bagues, ioyaux, perles, tapisserie;
Mais on doit l'employer, en quelque Librairie,
Ou pour entretenir de pauures escoliers,
Nourrir des orfelins : deliurer prisonniers,

A payer mariage à quelques pauures filles,
Qui par necessité, font honte à leurs familles :
A nourrir & traicter dedans les hospitaux
De pauures mendians, comblez de mille mau x,
De fain, de soif, de froid, maladie , & misere
C'est où despendre on doit, les biens du sanctuaire,
Afin d'en assister, les pauures languissans ,
Les pauures estrangers , vagabons & passans,
Pauures estropiez, tous cassez de vieillesse :
Pauures gents qui sur mer , ont perdu leur richesse :
Qui par guerre, & procez, ont esté rauagez
Qui ont perdu leurs biens par le feu sacagez :
En despendre à nourrir par aumosnes pieuses
Pauures Prestres deuots , pauures Religieuses ,
Carmes, & Cordeliers, Hermites, Capucins,
Gens qui viuent d'aumosne, & n'on nul biens retins.

   Ces Prelats au contraire imitent fort l'Araigne
Qui les plus douces fleurs qui sont à la campagne
Conuertist en venin : ainsi ses faux Pasteurs
Changent ses biens d'Eglise, & ses diuines fleurs
En vn venin mortel de toute impieté
Gourmandise, piaffe, & impudicité.

   Mais de tous ses pechez le Symonique crime,
Est celuy qui de Dieu, le courroux plus anime :
Or pour monstrer combien, ce peché plain d'horreur
Luy desplaist, il s'en rend luymesme le vengeur :
S'il à voulu punir autresfois des murmures ,
Il ne s'est lors seruy , que de ses creatures

De la Terre il se sert, laquelle ouurant son sain
D'Atan : & Abiron, engloutist tout soudain.
Il s'est seruy du Feu, dont les flames subites
Vengerent le peché, des villains Sodomites.
Il s'est seruy de l'Eau, lors qu'il voulut punir
Ce monde vniuersel, faisant du Ciel venir
Et plouuoir sur la Terre, vn Deluge effroyable.
Il s'est encor seruy de l'Element semblable,
Quand pour punition, il sceut faire abismer
Pharaon, & son armee en la rougeastre Mer.
Il s'est seruy de l'Aër par des pestes cruelles
Pour chastier son peuple, & les Princes rebelles
Enflez de vanité : Comme il feist autrefois,
Sous le chantre Diuin & Monarque Idumois,
Pour le peché duquel : Ainsi comme l'on pense
D'auoir nombré son Peuple, auec trop d'insolence
Sentit le chastiment de sa presumption,
Son Royaume de Peste, & orde infection,
Fut si bien agité, que soixante & dix mille
Perirent en trois iours, tant au champs qu'à la ville.
    Il s'est mesme seruy de quelques animaux,
De son iuste courroux, instrumens & fleaux :
Comme au temps d'Elisee, il commande à deux Ourses
De sortir de leur antre, & d'aduancer leurs courses
Pour aller deuorer certain nombre d'Enfans,
Qui auoyent offensé de brocards fort picquans
Son Profete Diuin : lequel tout remply d'ire
Luy auoyent ja donné subiect de les maudire,

Mais Dieu feist voir l'effect de sa malediction,
De son Cher seruiteur : Car pour punition
Tous ses maudits Enfans, au nombre de Quarante,
Seruirent de Curee, à la gueule beante
De ses fiers animaux , qui les deuorent tous
Vengeant son sainct Profete, offencé par ses fous.
Il s'est encor seruy autrefois de ses Anges
Pour punir les humains par massacres estranges.
Mais luy-mesme auiourd'huy quitant les Elemens
Ourses, Anges, Esprits , cy-deuant instrumens
De ses punitions , il arreste & ordonne ,
Conuersant icy bas, de se rendre en personne
Du crime Symoniq seuere punisseur,
Si bien que transporté, de Diuine fureur,
Il chasse ses Marchands d'vn visage seuaire
Qui alloyent profanant son Diuin Sanctuaire.

Faisons alte ma Muse, & en bref raportons
De trois meschans Prelats , les iustes punitions
Pour auoir par vn gain : sordide, & mercenaire
Abusé laschement du sacré Ministere ,
Et des dons purs diuins, au grand Dieu consacrez

Giezi , pour auoir vendu les biens sacrez
Fut tout soudain frapé d'vne lepre cruelle.
Et le traistre Iudas , ceste ame criminelle,
Cét auare Apostat, ayant, tres-mal-heureux ,
Vendu son Redempteur, deuint tout furieux :
Par iugement Diuin , ce Traistre s'alla pendre
Et au profond d'Enfer son ame il faict descendre

Ce sacrilege ingrat, ce Patron des Symons,
Ce traistre desraiglé, en ses affections,
Osa vendre aux Iuifs, la chose la plus saincte
Qui fust en l'vniuers; parquoy saisi de craincte,
De rage il s'estrangla, son crime nonpareil
Feist la terre trembler, & paslir le Soleil.
　　Martin le Polonnois, rapporte en ses Chroniques,
Qu'vn Legat recherchant le faict des Symoniques,
Du sainct Pere enuoyé, en France à cet effaict
Rencontra vn Euesque accusé de ce faict;
Mais alors qu'il falut aprofondir la preuue
D'vn si enorme faict: ce bon Legat espreuue
Que les tesmoins estoient, par l'Euesque gaignez
Et par or, & argent, finement subornez;
Quoy voyant ce Legat; Il faut que ie te sommes
Dit-il, au faux Pasteur; tu n'as affaire aux hommes
Par argent corompus, mais au grand Dieu viuant;
Pour voir donc si tu és, pourueu legalement
De ceste dignité: dis gloire soit au Pere,
Au Fils au sainct Esprit, fontaine salutere
Et riche magasin, des dons spirituels:
Mais ce maudict Prelat: ce profaneur d'Autels,
Ne peut iamais chanter, du sainct Esprit la gloire
Muet comme vn poisson, il reste sans memoire:
Il demeure estonné, pasle, morne, tremblant,
Son cœur de crainte espris, demeure par telant
Ses yeux sont tous plombez, & sa face ternie,
Se voyant conuaincu, de ceste Symonie

Dont

D'ont triste il se repent plain de contrition
Mais il reste perclus par iuste punition.

Mire toy là dessus, Prelat Symoniacle
Considere m'échant, que par ce sainct miracle,
Dieu a voulu monstrer que c'est vn grand peché
Vendre, acheter, Abaye, ou Cure, ou Euesché,
Prebende, Prieuray, ou autre Benefice,
Que Dieu punist tousiours cét execrable vice.

Nous nous contenterons, pour fuir aux longueurs
De la punition de ses Trois faux Pasteurs.
Pour faire detester vn crime si notoire :
Que s'il faloit icy raporter par l'histoire,
Les exemples diuers, des iustes chastimens
Dont le grand Dieu du Ciel, droict en ses Iugemens
A puny maintefois les Prelatz Symoniques,
Ses Discours sembleroiët plustot quelque Chroniques,
Annales ou recueils de l'Histoire des Temps
Qu'vn Poëme racourcy, où les mœurs ie reprens
Et les affections d'vne ame vicieuse,
Craignant que la longueur n'en fust trop ennuyeuse
Fade, & de mauuais goust, au Lecteur Curieux,
Qui de la nouueauté est tousiours desireux :
Pour donc le contenter en tout ce qu'il desire,
Finissons chere Muse, & changeons de Satyre.

F I N.

B

SATYRE
SECONDE.

APRES *les faux Prelats, il faut que ie m'adreße*
Aux Seigneurs de la France, a l'Illu-
ſtre Nobleße,
A ſes cœurs belliqueux, à ſes foudres de Mars,
Qui ſuiuent d'Ennyon, les guerriers eſtendars:
A ſes Hectors François, Hercules, Alexandres,
Ses Achilles, Ceſars, qui de guerriers eſclandres
Gardent la Monarchie, & l'Empire François,
Des effors eſtrangers, & maintiennent nos Rois,
Conſeruent leur Couronne, en fidelles Eutimes,
Et de nos fleurs de Lis, ſont deffenſeurs Intimes,
Gens qui meriteroient, des Homeres Gregeois,
Des Virgilles Latins, & des Ronſards François,
Pour chanter leurs beaux faicts, par doctes Illiades,
Æneides enflez, ſublimes Franciades,
Comme Diuins Heros, dignes de tout honneur,
S'ils n'aloient terniſſant, le luſtre, & la ſplendeur,
De leurs rares Vertus; par vn crime notoire,
Dont la plus part d'être eux, trop effrötez ſont gloire,

Vice qui obscurcist, leurs belles actions,
Flestrit leur renommee, & gaste leurs Maisons,
Fanist tous les lauriers, & les guerrieres palmes
Qui honoroient le front, de ses braues Gensdarmes
Lesquels auoient acquis leur Noblesse és Combats
Que par ce vice Infame, ils renuersent à bas.

　Ce qui m'a Incité, sans redoubter leur Ire
De reprendre aigrement, par ceste aspre Satyre,
Tous ses meschans Seigneurs; dont les Nobles Ayeux,
Ayans iadis fondé, comme gents fort pieux,
Abayes, Prieurez, Hospitaux de franchise,
Et donné de grands biens, & rentes, à l'Eglise,
Comme vont tesmoignant, plusieurs fondations,
Qui de leurs Donateurs, eternisent les noms.

　Ces meschans au contraire ozent par Symonies
Vendre ou garder ses biens vers eux, comme Ananies
Car cet Ananias, ayant vendu son Champ,
Et l'argent d'iceluy apporte sur le Champ,
Aux pieds de sainct Pierre, & des autres Apostres
Mais à l'argent offert, ayant regret encores
Vers luy vne partie à son dan il retient
Car de dire adiuré si c'estoit tout l'argent
De la vente du Camp: A lors ce meschant Iure
Que c'estoit le total, Mais pour ce grand pariure
Et pour auoir ozé mentir au sainct Esprit
Vne subite mort à l'Instant le surprit
Si bien que deuant tous, soudain il rend son ame,
Fort peu de temps apres, meurt Saphira sa fame,

B ij

Pour auoir comme luy, iuré, tres-faulſement;
    Par cet exemple on void, quel malheur il aduient
A ceux dont les Ayeux, ayant donné des terres,
Rentes, & reuenus, à l'Egliſe, & aux Preſtres;
Veulent comme Ananie, au leur ce bien reduit,
En retenir vers eux, la graiſſe, & l'Vſufruit;
Tant ſes gens ont regret au reuenu fertille
De l'Egliſe: autrefois ſorty de leur famille.
    Nous voyons en effet, la pluſpart des Patrons,
Si remplis d'auarice, & de coruptions,
Qu'au lieu de preſenter vn docte perſonnage,
A la Cure, où ils ont le droict de Patronnage,
Ils ſont les Preſentans, & les Beneficiers,
Pour iouir de leur Cure, ils ont des Eſtafiers,
De bons Cuſtodinos, Marmitons de College,
Deſquels ils vont couurans, leur maudit Sacrilege
S'ils ne peuuent trouuer d'aſſeurez Confidens,
Lors ils vendent leur Cure, à beaux deniers contampss
En preſentant celuy, qui a plus de Finance,
Qui n'en obtient-pourtant l'entiere iouiſſance;
Car le Meſſer Patron, *pour ayder ſa maiſon,*
Retient vn prix d'argent, ou vne Penſion.
    Voila de nos Patrons, *la ruze Symonique,*
Et de nos grands Seigneurs, la commune Ptratique
Gents, dont l'ambition, n'a n'y borne, n'y frain;
Qui pour entretenir, la grandeur de leur train;
Leurs Pages, & Laquais, Valets, Cheuaux, Caroſſes,
Se mettent à l'abry, des Mitres, & des Croſſes,

Poursuiuent Prieurez, Prebendes, Eueschez,
Les biens Spirituels, sont par eux recherchez,
Car leur grande despence, estant vn vray abisme
Ses Messieurs ont recours, à la gerbe de Disme
Au sang du Crucifix, propre pour arouser
L'excez de leur despence, & pour la renforser,
Nourir Chiẽs, & Cheuaux, & leurs oyseaux de proye;
Ainsi le bien d'Eglise, est la butte & la proye
De ses Mignons de Court, Barons, Comtes, Marquis,
Qui brauent aux despends, d'vn bien tres-mal acquis
Par vsure, faueur, Chicane, ou Symonie,
Iouissans faulsement par telle villenie
Du bien de nos Autels, d'estiné aux Pasteurs,
Non pour entretenir de tous ses Piaffeurs
L'excessiue d'espence, & leur grasse Cuysine,
Qui leur tourne à la fin en extréme ruine,
Car bien souuent on void, tels auares Seigneurs
Qui des bien de l'Eglise, ont esté Possesseurs,
Miserables tomber, en de grands precipices :
Apres auoir iouy, de tant de Benefices
En courir du grand Dieu, la malediction
Et leur bien Paternel, presqu'en perdition,
Ioinct à ce bien, sacré, qui de l'Aigle est la plume,
Qui, aux autres meslee, aussi tost les consume;
Ainsi le bien d'Eglise, au profane conioinct
Le ruine à la fin, & le pert de tout poinct.

    S'il faut que ce discours, d'Histoire i'authorise,
Il faut considerer, qu'en la Loy de Moyse,

De Propofition, nul ne mengeoit les Pains,
Que les Preftres facrez, & les Miniftres fainct,
Qui feruoient à l'Autel, du diuin Sanctuaire,
Non pour entretenir, ou haulfer l'ordinaire
De ces Nobles Seigneurs, dont le fuperbe train,
Ne doibt eftre entretins, aux defpens de ce pain;
Deftiné feulement, pour les facrez Leuites;
Abez, Preftres, Curez, efclatans en merites.

    Rendre ce bien d'Eglife, il eft vn peu fafcheux,
A Monfieur le Patron; qui en eft amoureux
Sa Cuifine engraiffant des biens du Benefice,
Iamais vfurpateurs, ne font pas d'Ecreuice,
Du depuis qu'il faut rëdre, ils ont la goutte aux mains
Et à lafcher leur Prife, ils font tardifs & vains:
Depuis qu'on a goufté, de ce Doux bien d'Eglife,
Il eft fi atrayant, & plain de friandife,
Qu'on ne le peut quitter, fon fruict eft fi tres-doux
Si tres delicieux, qu'on le Prefere à tous;
On le peut Comparer, au fruict des Lotophages
Tous ceux qui en gouftoient, defiroient pour Oftages,
A iamais demeurer, fans retourner chez eux,
Au terroir, qui portoit des fruicts fi fauoreux.

    La douceur de ce fruict, leur eftoit fi cherie,
Qu'ils mettoient en oubly, leur plus chere patrie
Leurs Parens bien-aymez, leurs Fames, & Enfans,
Charmez par la douceur de fes Lottes frians:
Depuis qu'on a goufté, des biens d'Eglife Saincte
D'vn defir d'en iouyr, l'Ame eft fi fort attaincte

Qu'on ne se souuient plus si ses biens sont sacrez,
On a de sa douceur les sens si enyurez,
Que pour auoir tousiours, de son fruict iouïssance
On en oublie le Ciel, le lieu de sa naissance.

Ainsi qu'on veit au Iour, de Transfiguration
Sainct Pierre sur Thabor, esclairé d'vn rayon
De la Diuinité, comblé d'vn ayse extreme
En extaze rauy, & tout hors de luy-mesme
S'escrier, qu'il faict bon demeurer en ce lieu
Faisons y Tabernacle, Eternel Fils de Dieu :

De mesme nos Seigneurs, Gentilhommes Layques,
Esclairez des rayons, Saincts Ecclesiastiques,
D'Abayes, Prieurez, Cures ou Eueschez,
Leurs Cœurs d'extaze epris, y sont si attachez,
Qu'en ce rauissement leur ame toute esprise,
Se scrie, ô qu'il faict bon iouïr des biens d'Eglise?
Ils viennent en dormant, sans peine ny labeurs,
De tels contentement-ils rauissent nos cœurs
Qu'on ne les peut laisser : Ses biens tant ils cherissent
Que de force, ou de gré, ils faut qu'ils en iouïssent :
Leur Tabernacle y est ; Leurs fames & Enfans,
Au Dome Episcopal, sont tres-tous demeurans
Ou dans le Prieuré, Abaye, ou Prebitere,
Des Layques Seigneurs, la demeure ordinere,
Leur Manoir Sieurial, ou leurs Pleds se tiendront
Et du bien de l'Autel leur Fief Noble ils feront :
Pernitieux abus, erreur tres detestable,
Engeance de malheurs, Sacrilege execrable.

B iiij

Or ie veux maintenant raporter par ses vers
Les sinistres effets, les chastimens diuers,
Des Layques Seigneurs, Desquels la meschante ame
Sacrilege ose bien, d'vne auarice infame
Mettre leur main prophane, à l'Arche du Seigneur
Et du bien de l'Eglise vser comme du leur:
Afin que leur malheur, serue aux autres d'exemple.

Baltazar pour auoir, prophané du sainct Temple
Tous les vaisseaux sacrez, void escrire vne main
Qui minutoit l'arrest du grand Dieu Souuerain.
Contenant, qu'il perdroit son Royaume & sa vie
La sentence du Ciel, de l'effet fut suyuie,
Ce sacrilege Roy, fut la nuict mis à mort
Expiant le forfait & l'iniure qu'à tort,
Il auoit faict à Dieu, beuuant le suc des vignes.
Dans les vaisseaux sacrez, auec ses Concubines.

Ce grand Ieroboan, Monarque d'Israel:
S'estant voulu mesler, d'ensenser à l'Autel,
D'establir des Prelats, pour offrir Sacrifices,
Indignes d'exercer, de si Diuins Offices,
Pour n'auoir de Leui, pris leur extraction
Suiuant la Loy de Dieu qui pour punition,
Le priue malheureux, de vie & de Royaume
Ne resistant non plus qu'vn petit feu de chaume.

Ioas Roy de Iuda Sacrilege ayant pris
Tous les vaisseaux Sacrez, que Ioran auoit mis,
Auec Ochosias, dans la Thresorerie
Du Temple du Seigneur, enuoyant en Syrie,

Au Prince Syrien, apellé Hazaël,
Ses Thresors consacrez, au grand Dieu d'Israël,
Mais pour auoir commis, ce Sacrilege indigne
Il reçeut tost apres le chastiment insigne,
Ses propres Seruiteurs, le vont assasinant
Ne pouuans plus souffrir, qu'vn Prince si meschant
Exerceat effronté, tel crime en leur presence
Dieu donc voulut par eux, punir son insolence.

De mesme ce grand Roy Nabugodonosor,
Ayant pris les vaisseaus d'argent, & de fin or,
Sacrez à l'Eternel, dans son sainct Tabernacle
Deuient tout insensé, & par vn grand miracle
De Roy il est changé, en beste sans nul soin
Paissant ainsi qu'vn Bœuf, l'herbe és chaps & le foin
Et pour punition, d'vn crime si enorme
Son corps couuert de poil, semble vn Monstre disforme.

Ainsi Lysimachus, indigne ayant commis
Sacrileges diuers, du Peuple est à mort mis,
Auec Menelaus, son Conseiller damnable
Lequel est masacré, pour auoir execrable,
Pillé les biens de Dieu, à l'Autel consacrez
Les membres de son corps, par l'ambeaux déchirez,
Sont consommez au feu, & ses os, mis en cendre
Pour monstrer qu'il ne faut les bien d'Eglise prendre.

Raporteray-ie icy l'exemple, à tous à pert
Du sacrilege Roy, apellé Charibert,
Auquel tres malheureux, son Conseil feist entendre
Que de force il deuoit, vsurper & reprendre.

Certaine place & lieu; Dont pour lors ioüissoit
L'Eglise sainct Martin, Que ce Roy pretendoit
De luy apartenir; De sorte qu'il arrette
Posseder ce sainct lieu, nommé la Nauirette,
Et pour executer, sa resolution:
Et prendre de ce fonds plaine possession,
Duquel par vn long temps, auoit iouy l'Eglise:
Il enuoye ses Cheuaux, sans aucune remise
Dans le logis du lieu, auec ses Palfreniers
Pages, Laquays, Valets, & autres Estafiers,
Pour penser ses Cheuaux, rengez en l'Escurie:
Mais soudain ses Coursiers, tombent tous en furie
Ils n'eurent pas plustost, gousté d'vn peu de foin
Qu'il rompent leurs licols, & eschapent au loin,
Comme tous enragez, il courent és Campagnes, (gnes
Par Bois, Tertres, Costeaux, Rochers, Prés, & Monta-
Soufflans comme Taureaux, & Sangliers furieux,
Les vns perdent la vie, & les autres, les yeux,
Quelques-vns exerceans, si violentes Lices,
Se vont rompre le Col, au fonds des precipices:
Bref la pluspart d'entre eux, meurent comme enragez
Les Palfreniers voyans, leurs Cheuaux outragez,
Mors, esgarez, perclus, aueugles, sans puissance,
Recognoissent du Ciel, la Diuine vengeance
Estre chute sur eux, Ayans iniquement
Prophané ce sainct lieu, par le Commandement
Du Roy le souuerain, de peruerse nature,
Auquel ayant conté, ceste horible aduenture

Il s'endurcist le cœur, comme vn Pharon meschant,
Soit à droict, ou à tort, Ie seray ioüissant
Leur dit-il, de ce lieu: Mais vne Apoplexie,
Luy trenche auec ses mots, le filet de la vie,
Precipitant son ame, aux Enfers tenebreux
Pour brusler à iamais, dans ces brasiers afreux.

Tairay-ie Seleucus Monarque de l'Asie,
Qui dextreme auarice, ayant l'ame saisie,
Sur vn raport qu'il eut, qu'vn Thresor pretieux
D'or, d'argent monnoyé, & vaisseaux sumptueux
Estoit pour lors gardé, au Temple Iudaique
Dedans Ierusalen, Cité fort autentique:
Sur cet aduis receu, il se resould alors
D'enuoyer tout exprez, enleuer ses Thresors
Que desia par espoir, cet Auare deuore;
Il despeche à l'instant, le grand Heliodore
Vers la saincte Cité pour ses Thresors rauir,
Et sa Cupide faim, de cet or assouuir
Mais aussi tost qu'il entre, au sainct & sacré Temple,
Vn braue Caualier dans la nef il contemple,
Ayant d'vn Corselet, le corps enuironné
D'vn or fin esclatant, tout autour rayonné
Comme vn luisant Soleil, ayant pour engraueure
Le foudre du grand Dieu au milieu de l'armeure;
En la teste il auoit, vn Casque estincelant
Comme vn ardent Comette, ou vn astre brillant,
Son bras estoit armé, d'vne effroyable targe
Forte, massiue, dure, en rondeur aussi large

Qu'eſt vn Soleil couchant : Ou du fils d'Ariſter
Eſtoient grauez les yeux, en des eſtoilles d'or :
Il branloit en ſa main, vne fleiche ſanglante.
Bref ce Mars tout diuin, au Temple ſe preſente
Monté ſur vn Cheual, eſcumeux, haniſſant,
Qui cét Heliodore, aux pieds va terraſſant :
Si bien que ſes Soldats, Archers, & gents de guerre
S'enfuïrent craintifs, voyans leur Maiſtre à terre
Renuerſé ſoubs les pieds, de ce Cheual fougueux,
Lequel iettoit le feu, des nazeaux & des yeux,
Ainſi qu'vn fier Lyon, ou vn Tygre effroyable,
Qui tient deſſoubs ſes pieds, vn Serpent deteſtable,

  Qui a veu quelquefois, vn Vaultour rapineux,
Ou vn Faulcon, tenir ſoubs ſes pieds eſpineux
La Caille, ou la Perdris, il void ce Capitaine
Cet Heliodorus, lequel ſouſpire à peine
Terraſſé ſoubs les pieds, de ce Cheual vengeur
Il demeure paſmé tant l'extreme frayeur
Luy a ſaiſi le Cœur & l'eſprit vital bouche
Son poil eſt heriſſé, l'eſcume ceint ſa bouche,
Ses poulmons comprimez, reſtent ſans mouuement,
Son poulx debilité, ne bat que l'entement,
Ses yeux ſont enfoncez, paſle deuient ſa face,
Son Cœur eſt en ſyncope, & ſes membres en glace,
Sa voix, n'a plus de voix, ſes Sens, ne ſentent pas,
Son corps briſé de coups, eſt proche du Treſpas,
On le met tout tremblant, & perclus, en Litiere
Où il ſens du grand Dieu, le iugement ſeuere,

Pour auoir trop hardy, voulu rauir les biens
Du Temple du Seigneur, qui sçayt mille moyens
Pour punir tels meschans, & maudits Sacrileges,
Rois, Princes, Potentas, qui tendent mille pieges
Pour attraper les biens d'estinez à l'autel
En fin ce rauisseur, blecé d'vn coup mortel,
Fust mort, si Onias, n'eust faict pour luy priere,
Qui à paisa de Dieu; la tres-iuste cholere;
Si bien qu'à sa faueur, guerison il obtient,
Pour aller raconter au Roy, cet accident
Et la punition merueilleuse, & estrange,
Qu'il auoit encouruë, ayant trouué vn Ange,
Vn guerrier Cherubin, qui d'vn glaiue tranchant
Tous ses Tresors sacrez, du Temple alloit gardant,
Ange dis-ie monté, sur vn Coursier de Naples,
Qui l'ayant terrassé, soubs ses pieds formidables,
Battu, & outragé, en tant de lieux diuers
Que son corps languissant, fut long-temps à l'enuers
Sans poulx, sãs cœur, sãs voix, sãs poulmõ sãs halaine,
Aux abois de la mort: Si la priere plaine
D'ardente affection, du grand Prestre Onias,
Ne l'eust à demy mort, retiré du trespas :
Qui monstre bien que Dieu, deteste les Layques
Qui les biens de l'Eglise vsurpent comme iniques
Notable instruction, aux Seigneurs qui hautains
A l'Arche du Seigneur, veulent mettre les mains:
Ainsi que feist Oza, indiscret, temeraire,
Qui pour auoir touché, l'Arche du Sanctuaire

La pensant redresser, du Chariot panchant
Sentit la main de Dieu, qui le va foudroyant.
Auant que de finir, I'estalleray encore
Ce que va racontant le Docte Nicephore,
Du Ieune Constantin, des Romains Empereur,
Qui bruslé d'auarice, & aueuglé d'erreur,
Voulut Impudemment Iouïr des biens d'Eglise,
Vendant les dignitez, & charges de Prestrise,
A qui plus en offroit, & bailloit de deniers,
Ayant mesme estably, vn Bureau d'Officiers,
Pour receuoir l'argent, de si inique vente :
Mais le grand Dieu du Ciel, qui souuent patiente,
Auant que de punir l'Infortuné pecheur
Ne pouuant plus souffrir, qu'vn tel maudit vendeur
Exerceast en public, vn vice si horrible
Luy enuoye à l'instant vne Fiévre terrible,
Dont l'ardente Chaleur, penetroit dans les os,
De sorte qu'il n'auoit iour, & nuict, nul repos,
Tous remedes sont vains, & rien son mal n'alege
Dieu donc voulant punir, ce Prince Sacrilege
Permet qu'en ses tourmens il meurt tout enragé,
Ainsi d'vn tel Symon, le peché fut vengé.

  Bel exemple aux Seigneurs, aux Grads, à la Noblesse,
Qui au bien de l'Eglise effrontement s'adresse,
Si bien que la plus part de tous les Courtisans,
Ne sont point en repos, s'ils ne sont iouïssans
De quelque bonne Abaye, Euesché, ou Prebende,
Vacquant, il faut au Roy, en faire la demande,

Et la Poste courir à la Court promptement,
Pensans faire pour eux, vn grand aduancement:
Ils y trouuent plustost, leur malheur & ruine,
Car tost, ou tard, on void la vengeance Diuine
Ne laisser point çà bas, tels crimes Impunis :
Pleust à Dieu que de France, ils feussent tous banis.
D'où viennet ses malheurs, d'où ont ils pris naissace,
Sinon de la maudite & orde Confidence,
S'il ne se trouuoit point d'asseurez Confidens
Les Seigneurs, & les Grands, ne iouiroient des biens
De l'Eglise de Dieu: Bref sans cet artifice,
Nul Seigneur, ne pouroit, posseder Benefice,
Abaye, ou Euesché, ô Perfides voleurs,
O maudits Confidens, vous causez ces malheurs
Peruers Custodinos, Diabolique engeance,
On deuroit vous banir du Royaume de France
Comme Aspics venimeux, & Basilics mortels,
Qui Corompez de Dieu, les Sacrosaincts Autels.
    Perfides Esaus, ennemis de nature
Vous vendez vostre droict de Primogeniture
Qui vous estoit acquis, estans vray Possesseurs
Des biens Spirituels, qu'Vsurpent les Seigneurs,
Leur prestant vostre nom, pour vn plat de potage
Vn petit prix d'argent, ou quelque autre bagage.
    De Maistres, vous voila Seruiteurs deuenus
Esclaues malheureux, qui demeurent tous nus,
Chimeriques Abez, vrays Curez en Peinture,
Qui comme Huguenots, n'auez rien qu'en figure.

Et les Nobles Seigneurs, ont la realité,
Ils en ont le profit, & vous la qualité,
Ils prennent le Thresor, puis vous iettent la cruche
Ils tiren cire & miel, & vous laissent la ruche:
Ils vous quittent l'escaille, & prennent les noyaux,
Le nid seul vous demeure, & ils ont les oyseaux
Et pour vous faire voir, que vous estes bien bestes,
Ils mengent la dragee, & vous leschez les boëtes,
Semblables au Renard, du banquet Gruyen
Qui lechoit la bouteille, & ne goustoit rien
Vous servez dos en chiffre, à parfaire le nombre:
Ainsi que Chiens d'Esope, on vous repaist de l'ombre,
Et Messieurs les Patrons ont la chair, & le pain,
Ils vous quittent la paille, & saisissent le grain:
Comme Loups ravissans, ils prennent la tonture
La chair, le sang, la peau, des troupeaux pour pasture
Ils ne vous laissent rien, malheureux Confidens
Que le seul beellement, les ergots, & les dens,
Des gras troupeaux mangez mesme en vostre presence
Dont l'odeur vous demeure, & à eux la substance.
Ils vous font de l'honneur, & favorisent fort,
De vous laisser humer, la fumee qui en sort
Et pour mettre en relief, vostre insigne folie
Ils avalent le vin & vous humez la lie.

Desloyaux confidens traistres Custodinos,
Vous estes des Iudas, de vrays Iscarios;
Iudas à petit prix, vendit son Dieu, & Pere,
Et vous, vous trahissez l'Eglise vostre Mere:

Par vn lasche baiser, en prestant vostre Non
Aux Layques Seigneurs, pour prendre Possession
Ainsi que vrays Iuifs, des biens de saincte Eglise,
Dont Arabes ils font, Publicque marchandise :
Iouans commé à trois Detz, en Nourissons de Mars
Les biens saincts, & sacrez, ainsi que les Soldats
Au pied de la Croix, sur le Mont de Caluaire
La robe du Saūueur, par vn gain, trop auare
Sacrilege & peruers. Ainsi que font les Grands,
Qui dès biens de l'Autel, Soldats se vont iouans
Ainsi comme à trois Detz : & la Diuine robe
De Iesus, & les biens, de l'Eglise on desrobe,
Par les lasches trahisons, de ses nouueaux Iudas,
De ses Custodinos, qui pour vn brouët gras,
Ou pour trente Deniers, vendent la robe Saincte;
Et le bien de l'Eglise, à la Noblesse feincte:
Sont eux qui ouurent l'huis, à ses Nobles Seigneurs;
Et de leur Sacrilege, ils font les seuls Autheurs,
Leur baillent le crochet, pour faulser les serrures
De l'Eglise de Dieu; Et font les ouuertures
A ses Loups rauissans, Pour soustraire en voleurs
Les biens du Crucifix, dont ils sont receleurs,
Sans en tirer profit; Et faut que ie leur die,
Quand on s'est seruy d'eux, & de leur perfidie,
On les reiette au loin, auecques maudissons,
Car les Grands ayment fort, les vtilles traisons;
Mais ils haissent apres, Infiniment les traistres;
Aussi tels Confidens, deuiennent tous Belistres.

                                        C

Helas que seruent-ils aux logis des Seigneurs,
Que d'escumeurs de pots, ou faillis Procureurs,
De Bouffons, Flagorneurs, & de Messer fricasse,
Qui les chiens de Messieurs descouplent à la chasse :
Ses Messers Ieans font bien ; de plus habilles tours
Ils seruent quelque fois de regratiers d'amours,
A messieurs les Patrons, qui bruslez d'autres flames,
Feront par leurs moyens, Banqueroute à leurs femmes.
Mal-heureux Couratiers; damnables confidens,
C'est là où chez les Grands, vous passez vostre temps,
Asnes Custodinos, c'est tout vostre exercice,
Au lieu que vous deuriez graues, faire l'office,
De Curez & Pasteurs, & Posseder les biens
Destinez à l'Autel, vous seruez d'Instrumens
Aux Grands pour en ioüir : gros Asnes sans merites,
Vous n'auez autre but, qu'escumer leurs marmites
Blasphemer, iurongner, auec les Cuysiniers
Vous rendre Compagnons des puants Palfreniers,
Faire ensemble auec eux quelque friponnerie,
Vous estriller l'vn l'autre à bouchons d'escurie :
Le iour rouller les Dets, & la nuiĉt paillarder,
Des Cartes plus souuent, qu'vn Breuiere porter.

    Voila du Messer Iean l'exercice ordinaire.
Et où passe son temps nostre Confidentaire,
Nostre Asne Arcadien, nostre Buffle fripon,
Qui sert de Macreau, de Zani, de Bouffon,
A Monsieur le Patron, qui souz la couuerture
D'vn tel Custodinos, ioüira de sa Cure.

O brutal Prestolan, ô trop lasche coyon,
Oze tu de Curé hardy porter le nom,
Lutin de Cabaret, Estalon de Tauerne,
Epicure gourmand, que le ventre gouuerne,
Marmiton de cuysine, insigne escornifleur
Des Bacchiques liqueurs, friponnier receleur,
Voudrois-tu de Prelats le graue tiltre prendre
Toy qui vas chez les Grands, côme s'sclaues te rendre,
Et raualler si bas, ta feinte qualité,
Qu'on ne te tient chez eux que pour vn esuenté,
Vn Magot, vn Guenon, le iouet d'vn Theatre,
Cependant pauure sot, tu te rends idolatre,
De ceux qui par honneur, te deuroient respecter,
Veaux dorez, que tu crains pour leur voir esclatter
Le clinquant au chapeau; sur le dos l'escarlate,
Que souuent teste nuë, auec vne ame plate
Tu sers comme vn faquin & tres-vil seruiteur
Ou bien fais le mestier d'vn infame flateur,
D'vn Plaidereau crotté, solliciteur d'affaires,
Maquinon de verdage; aualeur de breuieres,
Qui fais le marmiteux, l'humble, le Chien couchant,
Deuant le Gentil-homme, ou le Patron meschant
Qui t'a desualisé, & mis comme en chemise,
Te priuant, malheureux, du bien de saincte Eglise,
Lequel t'apartenoit, si en gardant ton rang,
Traistres, tu n'eusses point de Christ vendu le sang,
A ce foudre de Mars, ce Gentil-homme Inique,
Qui braue à tes despens, Lasche Eclesiastique
Indigne de porter, le caractere sainct,

Puis qu'au vouloir des Grāds, poltron tu t'és astrainct,
Afin de leur seruir, de cautions fidelles
Pour se mettre à couuert, soubs les perfides aisles,
D'vn tel Custodinos; Pour iouir librement,
D'vn bien sainct & sacré, que tu vends laschement,
A ses Mignons frisez, ses Courtisans superbes,
Qui se mocquent de toy, en reserrant tes gerbes,
Ton bien, ton reuenu, que tu as engagé,
Au pouuoir tyranniq d'vn Seigneur enragé,
D'vn fendeur de nazeaux, & d'vn trenche mōtaigne
Qui va dismant ton bled, en la plaine Campagne;
Si tu veux auec luy, faire le Compagnon,
Il dismera sur toy, mille Coups de baston;
Pour Insigne faueur, & iuste recompense,
De luy auoir presté, ton Nom, & Consc;
Dont, fin, il s'est seruy, pour auare, obtenir,
Vn bien, où sans ton Nom, il n'eust peu paruenir.
Sathan donc que ie croy, dans ton corps tient son siege
Ayant presté ton nom, pour faire vn Sacrilege,
Detestable & maudit; Dont le Ciel punisseur,
Te prepare là bas, vn suplice vengeur :
Tu iras aux Enfers, ton ame Criminelle,
A iamais bruslera, dans la flame eternelle,
Puis reprenant son corps, au iour du Iugement,
Redoublera ta honte, auecques ton tourment.

    C'est assez discouru, de la misere extreme,
Des pauures Confidens, i'en ay pitié moy mesme
Voyant ses malheureux, par les Grands m'astinez,
Estre aux tourmens d'Enfer, à iamais destinez,

SATYRE
TROISIESME.

AYANT, par cy-deuant, par mes vers Satyriques,
Repris les faux Prelats, & Pasteurs Symoniques,
Et la Noblesse encor, faisant mesme peché,
Iouïssant d'vne Cure, Abaye ou Euesché,
Soubs le Nom, des peruers, traistres Confidenteres.
Que Buffles i'ay picquez, par Censures seueres,
Comme gents qu'on ne peut iamais trop detester
Qui pour voler l'Eglise ozent leur Non prester.
Or ie veux maintenant Aristarque Critique,
Censurer ces Rabins, ces Cocs de Republique,
Qui enflez du Leuain de leur authorité,
S'adonnent impudens, à toute impieté,
Dont les cœurs vlcerez, d'vne extreme auarice,
Vendent à purs deniers, le Droict, & la Iustice,
C'est dans les Parlemens & Palais lambrissez
Que tels maudits abus, se font souuent glissez,
Dans les Presidiaux, Vicomtez, Bailliages,
Où l'on va pratiquant d'horribles brigandages.

L'Hiſtoire nous aprent, que quelques Nautonniers,
Ayant faict voille en Mer en des bords eſtrangers,
Aſſeuroient, qu'aprochans vers les Iſles Cyrenes,
On deſcouuroit de loin, ſur ſes blondes arenes
Des monceaux entaſſés doſſemens blanchiſſeans,
Faiſans coniecturer que tous les Nauigeans,
Se perdoient à l'abord de ſes Iſles deſertes,
De Squelettes humains, & carcaſſes couuertes ;
Bref ceux qui nauigeoient vers ſes Gouffres profonds,
Eſtoient tous abiſmez & engloutis au fonds :
Ainſi nos Parlemens, & Baſſes Cours fertilles
En Gouffres de rapine, on compare à ſes Iſles,
On ny void à l'entour, qu'vn nombre de Plaideurs
Haues, Etiques, Secs, deplorans leurs malheurs,
On ne void dis-ie autour de ſes Superbes Domes
Que gents defigurez que ſeconds Saincts Ieroſmes,
Que carcaſſes de morts Reliques de Tombeaux,
Leſquels ont tout perdu, en ſes criards Bareaux,
Leurs biens ſont demeurez dans ces Goufres auides,
Dans ces Antres profonds, & ces gloutons Caribdes,
Dans les Scyrtes beans de ſes Palais dorez,
Leur ſubſtance, & leurs biens ont eſté deuorez ;
Autour de ſes Pilliers, on ne void que Bieres,
Pas les Eſprits errans, ainſi qu'aux Cimetieres.

   Bref on void bien ſouuent en ſes Sacrez Pourpris,
La Iuſtice oprimee, & les Loix à meſpris ;
Combien qu'aux Parlemens la Saincte Vierge Aſtree,
Bien plus fidellement ſe trouue adminiſtree

Qu'en ses petis Bareaux ; ou par or & argent
La Iustice, & le Droict on vend fort cherement :
C'est en ses basses Cours, où les Iuges iniques,
Se monstrent aux Plaideurs cruels, & tyranniques
C'est en ses basses Cours, qui sont loin de Phœbus
Où l'Iniustice regne, & les peruers abus,
C'est en ses basses Cours, du clair Midy lointaines
Qu'on faict les larecins, non aux Cours Souueraines.
   C'est donc aux basses Cours, plaines de gens peruers,
Et non au Parlemens, que i'adresse ses Vers :
En ces lieux éminens, où le Soleil rayonne
La Iustice florist & n'ofense personne.
Rarement l'Iniustice aborde ces Palais
Brillans de feux Sacrez qui n'estaignent iamais
Et d'Argus clair-voyans : Ses voleries internes,
Cherchent l'obscurité, de nos Cours Subalternes,
Estant moins esclairee en ces petits Bareaux
Qu'en ces grands Parlemens, tous brillans de flabeaux
Et d'Astres lumineux, Dont la claire presence
Estonne l'Iniustice, & luy faict resistance.
   Vers la couche d'Astree, en l'Isle du Soleil
On tient que le terroir est tout rouge & vermeil,
De mesme aux Parlemens, où la Iustice esclate
Tout y brille de feux, de Pourpre, & d'Escarlate,
Si qu'vn Iuge peruers, n'ozeroit en ses lieux
Si brillans de clarté, d'escarlate, & de feux,
Exercer effronté, ses larecins auides
Deuant tant de Catons, & iustes Aristides,
                              C iiij

Bref c'est aux basses Cours, qu'on void l'Iniquité
Gourmander la Iustice, & fouler l'Equité.

   Les Iuges de ces lieux prennent le ton Dorique,
Pour leur douce harmonie & parfaicte Musique:
Ils veulent tous mourir comme l'Athenien,
Tousiours la main ouuerte pour atraper du bien,
Leur plus chere Maistresse est apelee Atrape,
Et leur ieu d'Instrumens est celuy de la Harpe:
Ils ne rougissent point de prendre à toutes mains,
Pour atraper argent tendent tous leur dessains:
C'est le Cercle premier, qui faict mouuoir leur Sphere,
Leur Ourse, leur flambeau, leur Cynozure claire,
L'Aguille de leurs cœurs frottee à cet Aymant,
Vers ce Pole doré va tousiours regardant:
Bref c'est le vray Moteur, l'Ange & l'Inteligence,
Qui de ce Ciel brillant gouuerne la cadence,
Leur vie, ame & Soleil, dont les rays lumineux,
Font parler ces Memnons comme Oracles des Dieux.

   Les Iuges corompus remplis de tyrannie,
Tirent des pauures gens, la substance & la vie,
Et des frais, & despends, des obstinez Plaideurs
Enflent leurs bourses d'or, d'auarice leurs cœurs.

   Ie sçay, combien les bons meritent de loüanges
Comparez aux meschans; Ce sont de petis Anges
Au milieu des Demons: Ce sont Astres brillans
A trauers l'espesseur obscure des meschans,
Ce qui les faict briller, & luire d'auantage,
Et comme Dieux çà bas, adorer en leur charge.

Comme la Lune au Ciel ne monſtre ſa clarté
Que dans la ſombre nuiɛt plaine d'obſcurité,
Ainſi les gens de bien, ne font luire leur gloire
Qu'en la nuiɛt des meſchans, obſcure, ſombre, & noire,
Et les bons Iuſticiers, aux meſchans oppozés,
Reluiſent dauantage & en ſont plus prizés.

Si donc ſans paſsion, i'ataque en ma Satyre
Les Iuges corompus, pour mieux faire reluire
Ceux la qui gens de bien cheriſſent l'equité,
Et rendent la Iuſtice en toute integrité,
Quel ſourcilleux Caton, ozera m'en reprendre ?
Si des Iuges Larons, la cauſe il ne veut prendre ?
Et ſe rendre Aduocat, des larecins diuers.
Le meſchans Officiers, Arabes & peruers.

Ceſte Chicanerie, Arſenal de falace
De haute volerie, eſt la parfaite Chaſſe,
Les peruers Aduocats ſont les Chiens clabaudeurs,
L'Auditoire, le Champ, les Perdris, les Plaideurs,
Les Iuges corompus ſont les Oyſeaux de Proye,
Perchés haut es bareaux ſans longe ny couroye,
Ce ſont les Tiercelets, & Gerfaux bien apris,
A voler les Plaideurs leur Cailles & Perdris.

Ceſte Chicanerie & art Diabolique
Ne ruine pas moins vn Eſtat Monarchique
Que feroit vne guerre, ou l'aer contagieux,
La Taille & les Impos, ne ſont ſi dangereux
Aux Prouinces, comme eſt ceſte chicane Impie
Sang-ſuë attire-ſang, deuorante Harpie,

Qui ne donne aux humains, ny treue, ny repos,
Ains les va consommant & rongeant iusqu'aux os,
    Si l'on n'apaise en fin sa barbare furie,
Il faudra tout quiter aux gens de plederie
Presidens, Conseillers, Baillifs & Aduocatz,
Comme ceux de Calcis, iadis feirent aux Ratz,
Dont y auoit chez eux vne telle abondance,
Rongeãts, & dißippãs, leurs bledz, & leur substãce,
Qu'ils se veirent contrains, autre part habiter,
    Ainsi ceux D'Abderas, pour sages euiter,
Le bruit trop, Importun, & autres algarades,
Que sans fin leur donnoient les Grenouilles criardes,
Qu'en leur terre on voioit, fourmiller fort espais,
Furent tres-tous forcez de leur quitter le pais.
    Ainsi faudra il faire, à Meßieurs de Pratique,
A ses Ratz de Parquet, cette vermine inique,
Grenouilles de Bareau, dont le croaßement
Aßourdist nos esprits, & tire nostre argent.
    Le nombre en est si grand qu'vn chacun s'en eßtõne,
Il n'est point tant de fruictz en la saison d'Autonne,
Ny de fleurs au Printemps : En Hyuer de glaceons,
Le chaud Esté n'est point, si fertille en moissons,
Comme il est d'Officiers, & de gens de Iustice,
Se seruans á deßain, du subtil artifice
Pour tenir les Procés en extreme longueur,
On n'obtient iamais d'eux, vn Arest qui soit seur
Arest definitif, car l'Interlocutoire,
Sont erres seulement d'aller à l'Auditoire,

Parquoy certain Plaideur demandoit à la Court
Qu'on luy donnast Arrest, qui fust chastré & court,
Car cil quil auoit eu, tenoit lieu de semence
Pour faire regermer vne maudite engeance
D'autres diuers Arests, & procés querelleux,
Qui rendoient les Plaideurs, pauures & malheureux.
Ruinant les Maisons & plus riches familles,
La peste des Citez la gangrene des Villes,
Le chancre de l'estat, la ruyne des champs
Où ce mal est commun mesme entre les plus Grands,
Lesquels vont detestans ceste engeance maline
De Iuges corompus, causes de leur ruyne.

Ie n'entends point parler de ces bons Presidens,
Conseillers, Aduocats, qui sont és Parlemens,
Vrays Ministres sacrez, de la sainte Deeße,
A telles gens de bien, ma Muse ne s'adreße.

C'est principalement à ces criards Bareaux
Sources de la Chicane, où l'on commet ses maux,
A ces bruslans Parquets, de Harpies repaire,
Où tout est corompu venal & mercenaire,

Ses Iuges Vicontaux ces petis Lieutenans
Des subalternes Cours la pluspart ignorans,
Sont a craindre sur tout, comme gentz, coruptibles
A se laißer gaigner, ils sont plus susceptibles,
Que non pas ses meßieurs, des Souueraines Cours,
Où la Iustice regne, & a bien plus de cours
Qu'en ses petits Bareaux, & subalternes Sieges,
Où la chicanerie, estalle tous ses pieges,

Pour surprendre & piper, Vn embroüillé plaideur,
Qui aura pour Partie, Vn ruzé Chicaneur.

 Rarement en ses lieux, on Void punir le crime,
Car ces Iuges ruzés, tiennent cette maxime
Que Dieu ne Veut la mort, du pecheur penitent,
Mais qu'il se conuertisse, & Viue sainctement:
Ainsi font ses Messieurs, qui se rendent propices
Aux Criminelz attaints de mille, & mille, Vices,
Pourueu que penitens, ils baillent promptement,
Au sortir des prisons, leur bourse & leur argent;
Bref tous les Criminelz, dont la bourse est ferree,
Eschapent sans peril, par la porte doree:
On consacre à Vulcain, les Informations,
Charges, Recollements & Confrontations,
Pour estaindre du tout, par la Loy d'Amnestie
La peine de leur Crime, en argent conuertie.

 O Iuges mal-heureux ô tres-iniques gens
Qui laissez eschaper, le Meschant par presens,
Et sans auoir esgard, à la simple innocence,
Le Iuste punissés, qui n'a point de deffence,
D'argent, & de faueurs, Ainsi que le méchant,
Qui par or, & argent, se va iustifiant.

 Oyez Iuges, oyez la Voix du sainct Profette
Du grand Dieu Eternel l'Oracle & l'interprette.
Mal-heur, mal-heur, dict il, sur vous Iuges peruers
Qui panchez la ballence, & Iugez de trauers,
Qui en Vos Iugemens, n'obseruez la droicture.
Considerez messieurs, Qu'à la mesme mesure,

Que vous mesurerés, vous seres mesurés,
Semblables Iugemens, du Ciel vous receurés
Que vous auez donnés, icy bas sur la terre:
Que si vous Iugés mal, son eclatant tonnerre
Vous abismera tous, au profond des Enfers,
Pour languir à Iamais, à la gesne, & aux fers:
Ce seront les tourmens, & les peines horibles.
Des Iuges qui çà bas ont esté coruptibles:
Qui ont plains d'auarice, exposé a l'enquant
La Iustice, & le droict, au plus encherissant,:
Qui a dextre, & senestre, ont pris sans nulle trefue,
Oprimé l'Orphelin, & ruinè la Vefue,
Et bref qui ont commis, plus de concussions
Que le Ciel n'a de fœux , & la Mer de sablons.
    D'où peuuent proceder, tant & tant d'Iniustices,
Que du maudit achapt, & vente des Offices :
Ceux qui ont introduit , ce mal pernitieux ,
On faict naistre en l'Estat, Vn Serpent dangereux ;
Dont on doibt redouter, l'haleinne pestilente;
Car mettant Vn Estat , ou Vn Office en vente ,
C'est vědre, quant & quant, la Iustice, & les Droicts,
C'est renuerser du tout, la Maiesté des Lois ,
C'est bien prostituer, la saincte Vierge Astree
De la rendre venalle, elle qui est Sacree
Rendant à Vn chacun ce qui luy appartient ,
Sans se laisser gaigner , par or, ou par argent,
Qui la rend Mercenaire est meschant & inique,
C'est en faire Vne Garse, Vne Putain publique,

 Qui s'expose à celuy qui a plus de Ducats,
C'est la corompre ainsi ; que vendre les Estats,
C'est vendre, en les vendant la sang & la substance,
Du Roy, & ses Subjets ; Oster la recompense
Es le iuste loyer, des belles actions ;
C'est ouurir le chemin droit aux concußions,
Rapines, larrecins, vsures, brigandages,
Mal qui prouient du tout, de la vente des charges,
Offices, & Estatz? Lesquels estans venaux,
Rendent venalle aussi, la Iustice és Bareaux,
La chose neantmoins, la plus saincte du monde,
Que sacrilegement, par vn trafiq' Immonde,
Detestable, & peruers, on vend à purs deniers,
Et le nombre exceßif, des Iuges Officiers
Establis par argent, font ce nombre effroiable,
De querelleux procés, chancre tres detestable
Du corps de cet Estat: La source des mal-heurs
Car nombre d'Officiers, faict nombre de Plaideurs
Chacun d'eux pour gaigner, desire qu'on lemploye
Chacun veut à son tour, auoir part ala proye
Et tasche en butinant; en détail rembourser,
Ce qui luy à fallu, tout en gros desbourser.

 Ceste venalité, ceste engeance maudite,
Cause encor ce malheur, que les Gents de merite
Qui se font consommez, aux Vniuersitez,
Ne peuuent obtenir, aucunes Dignitez
Offices, ny Estats, pour digne recompense
De leurs iustes labeurs, par faute de finance,

De ſorte qu'on verra , arriuer bien ſouuent ,
Qu'vn maudit Vſurier , abondant en argent ,
Vn Buſard , vn Faquin , ſorty depuis naguere
De la plus baſſe Lie , & fange populere ,
Vn Brutal , Ignorant , en paſſe cramoiſy ,
Dont l'eſprit eſt autant , que ſon argent moiſy ,
Poſſeder effronté , les charges honorables ,
Dont on void rebutter , des hommes tres-capables
Tres-Doctes , & ſçauans , aux affaires viellis ;
Au contraire l'on void , ſouuent aux fleurs de Lis ,
En ce ſiecle peruers , des Monſtres d'Ignorance ,
Que l'or a eſleuez , plus que la ſuffiſance
En ſes Sieges d'Honneur , ces Temples de Themis ,
Où ſans aucun merite , ils ont eſté admis
A force de Doublons : d'Eſcus , & de Piſtolles ,
Sans Doctrine , ſans Lois , ny hantiſe d'eſcolles.

  Ces Buffles Ignorans , ces gros Aſnes baſtez ,
Qui à force d'argent , montent aux Dignitez
Offices , & Eſtats , pour rehaulſer leur race
Me font reſouuenir , de la fable d'Horace ;
Qui raporte à propos , que tous les Animaux ,
Tindrent enſemble vn iour , leurs Eſtats Generaux ,
Où chacun en ſon rang , & degré veut pareſtre
L'Aſne conſiderant , ſa nature terreſtre ,
Sans honneur , meſpriſable : Enflé d'ambition ,
Se reueſt finement de la peau d'vn Lyon ,
Penſant en ſes Eſtats , tenir ſon rang , & place
Mais ayant deſcouuert ſon eſpece , & ſa race ,

La feinte peau oſtee, il fut de tous mocqué,
Meſpriſé, debouté, ſifflé, & attaqué,
Iuſques aux plus petits : les Rats luy font la chaſſe:
  Ainſi ſes ignorans ſortis de race baſſe
Ces fils de gros Marchands, & riches Vſuriers,
Qui à force d'argent, ſe ſont faiſts Officiers
Conſeillers, Preſidens; voulans tenir les Sieges,
Et le reng de Lyons, dans ces diuins Colleges
Conſacrez à Themis; Ils n'en ont ſeulement
Que la robe, & la peau, car ſous ce veſtement,
Sous ce Rocquet fourré, & Robe d'eſcarlate
Vn gros Aſne eſt caché, qui ſe mire, & ſe flate
En ceſte dignité, comme Pygmalion
Faiſoit en ſa Statuë : ou le ieune Ixion,
Qui penſant embraſſer Iunon, du Ciel Deeſſe
Ne trouua en ſes bras qu'vne nuee eſpeſſe;
De meſme il en arriue, à ſes ambitieux
Ses Aſnes Ixions, qui penſent eſtre Dieux,
Embraſſans des Eſtats, les chaiges honorables
Que pour bien poſſeder, ils ſont tres-incapables;
Et penſans embraſſer vne Iunon d'honnenr,
Ils ne rencontrent rien, qu'vn nuage d'erreur,
Qui leur enfle le cœur, de venteuſe fumee
D'acquerir de l'honneur, & de la renommee
Où, Aſnes naturels, ne pouuans paruenir
Il faut d'vn Lyon mort, vne peau obtenir,
D'vn Officier defunſt, il faut tenir la place
Afin de rehaulſer, leur vile, & baſſe race,

Leurs

Leurs escus seruiront pour auoir ceste Peau,
Pour parestre en Lyons, és sieges d'vn Bareau,
Cuydans soubs ceste peau, d'Officiers Leonine
Couurir leur Asnerie, & Ignorance insigne,
Mais tost on s'aperçoit, qu'au lieu de vrais Lyons
Des sçauans Officiers, ce ne sont qu'Estallons
Et Genets de Moullin; Que bestes Arcadiques,
Que de fascheux brocardz, on traite en grës Rustiques
Tous ces Ratz de Palais, ces demi Procureurs,
Ces copistes, ces Clers, & ces Solliciteurs,
Gourmandent à tous coups, ces Asnes d'Apulée
Dorés de vanité, Dont la teste est enflée
Dextreme ambition de marcher des Premiers
Et se mettre en Lyons, au rang des Officiers,
Soubs ombre que ces gens abondent en Pistolles
      Ainsi nos Parlemens les clairs & luisans Polles,
De la Iurisprudence, & autres Facultez,
Plains d'Officiers sçauans, & experimentez,
Des Asnes quelquefois ont en leur compagnie
Qui pour auoir d'Escus, la bourse bien garnie,
Sans Doctrine, vertu, merite n'y sçauor,
Aux Souuerains Estatz, se sont faictz receuoir,
Pour arbitre iuger, de nos biens & nos vies,
Soubs leurs sots Iugements, esclaues asseruies:
Arbitres dis-ie encor, de la Vie, & la mort,
Des membres de l'Estat: Iuges commis à tort
Sur l'Eglise, le Noble, & L'Estat Populaire;
      Quelle pitié de veoir, vn Asne mercenaire

Vn Ignorant brutal, filz d'vn riche Bouuier,
President, Conseiller, ou quelque autre Officier
Bailly, ou Visbailly, Lieutenant ou Viconte,
Disposer de noz vies, & biens, sans rendre conte,
Exposés comme en Proye, à la discretion
De tels Asnes peruers, enflés d'ambition,
Gens que l'or a haußez, en ses charges publiques
Plustot que le merite, ou leurs faictz heroiques.

  Grands arbres d'Officiers, beaux à l'exterieur,
Mais semblables aux Pins, ne portans nulle fleur,
Ou à ses hauts Cyprés de fruicts tousiours sterilles,
Coloßes plains d'Orgueil, Images inutilles,
Ne seruans que de montre, & Ostentation.
Idolles, veaux dorez sans voix, ny action.
Gens qu'on peut Comparer, à la grisastre escume
Que Thetis en ses bords, reiette de Coustume
Qui nous semble de loin, ambre grix exellent,
Et touchee à la main n'est qu'vn vil excrement.

  Ces Asnes d'Officiers, sont de mesme nature
Car à leur voir de loin: d'Officiers la vesture
L'Escarlatte pourpris, marque de maiesté,
Vne bonne façon, pleinne de grauité,
On diroit que se sont, Senateurs de Venise,
Mais à taster de pres, si belle marchandise
Ce n'est rien qu'excrement, remply de vanité,
De gens tres-ignorans, vaißeaux d'Iniquité,
Semblables dis-ie encor, aux pommes de Sodome
Qui de loin semblent fruict, & de prés vn fantome.

Esclairs qui donnent plus, aux yeux d'estonnement
Que non pas de clarté, en vn grand Parlement.

Nauires d'Aretas, en structure admirable,
Admiré sur le port, pour sa grandeur notable:
Mais en la plainne Mer, Inutille vaisseau,
Les Asnes Officiers, ressemblent ce batteau,
Ils sont en nos Palays, plains de belle aparence,
Vn chacun les admire, en ce Port d'asurance,
Mais en la plainne mer des affaires de Court
Ils sont tres-Ignorans, & ont l'esprit fort lourd,
Images de Pillon, exellent Statuere
Beaux à l'exterieur, mais qui n'ont pour matiere
Que culs de Manequins, au dedans entasses
Dont ses Images vains, sont bastis & dressez:
Ainsi les Officiers de nos Cours Souueraines
S'ils ne sont bien sçauans, sont des Idoles vaines.

Mais ce qui plus me fasche, est de veoir des Enfãs
Lesquels à peinne auront, attaint quinze, ou vingt ans
Sans barbe, sans doctrine, & sans experience
Posseder maintenant, les Offices de Fraece,
S'assoir aux Fleurs de Lys, Donner leurs Iugemens
Comme gens tres-expers, & grands entendemens:
Et n'est-ce pas les Loix, remettre en leur enfance
Pour moy ie ne croy point qu'vn Arrest ou Sentence,
Se puisse bien donner, par ses ieunes Cerueaux,
Ses Perroquetz Mignons, ses ieunes Hobreaux,
Nouuellement conuès, esclos sortis de l'aire,
Indignes de Iuger, d'vn Important affaire,

D ij

Leur Cerueau n'est encor, assés Iudicieux
Il est trop euentè, remuant, & quinteux.

Les fruicts cueillis trop vers, tournēt en pouriture
Bailler donc aux Enfans, des Offices la Cure,
C'est mettre en nos Bareaux des fruictz hors de saison,
Pour leur faire germer, toute Coruption.

Vn grand homme d'Estat ornement de la France
Se plaint de cet abus, en vne remonstrance
Qu'en vain nos Parlemens, on apeloit Senats,
Qu'il faloit bien plustost, les nommer Inuenats
Pour voir en qulques vns grand nombre de Ieuneße
Lesquels n'ont point encor, attaint ceste sageße,
Ce Iugement solide, & ces Conseils tres-meurs
Tels que doibuent auoir, de graues Senateurs
Oracles de nos Loix: vrays Catons en prudence,
Et non de Ieunes Clers, manquans d'experience,
Gens qui n'ont point encor, le Iugement bien faict
Pour Iuger d'vne affaire, & d'esmeller vn faict.

Venalité d'Estats tu enfantes ce vice
Des monstres tu produicts, pour des gens de Iustice
De foibles Auortons, des fils de Mercadens,
Qui par or, & argent, se sont faits Presidens,
Conseillers, & Baillifs, Lieutenans & Vicontes.

Faut-il MVSE, faut-il, qu'en ces vers tu racontes
Aux aueuglez François, ses erreurs euidens
Voyant souuentefois, dans quelques Parlemens
Gents du tout ignorants, Theorie & Pratique,
Plus propres à tenir Balence de Boutique,

Que celle de Themis ; vne aulne en main branster,
Ou vn papier Iournal, de Comptes calculer,
Qu'exercer au Palais vne honorable charge,
Acquise par argent, à l'euident dommage
Du Roy & ses subiets, grandement oppressés
Rongez iusques aux os, aux mouëlles sussés,
Par ses Rats d'Officiers, ses humantes sang-suës,
Qui se sentans chargés, de taxes continuës,
Tout leur fonds engagé pour sommes de deniers
Empruntés a dessain, de plusieurs Creanciers,
Pour auoir leurs Estats, dont les sommes immenses
Et les frais excessifs de leurs grandes despenses,
Vont surpassant le fonds; Et pour se rembourser
De tant d'argent qu'en gros il a falu fonser,
Tant de frais, d'interests, d'areage d'vsure,
Pour l'argent emprunté : Il faut oultre mesure
Piller & desrober ; corps, & ame, engager
Pour tost se remplumer, & leur fondz desgager
Aux despends des Plaideurs; par moyens obreptices
Coruptions, despends, vacations, espices,
Appointé au Conseil, Taxes, Rapports, Defauts,
Si bien que l'on commet dans les Presidiaux,
Parlemens, Vicomtez, des larcins semblables
A ceux que dans les Bois font les voleurs damnables,
Les Pyrates de Mer, lesquels vont escumans,
Iour, & nuict les vaisseaux, de quelques Nauigeans,
Pour auoir leur despouille, & riche marchandise,
Ainsi sont les Plaideurs, renuoyez en Chemise,
D iij

On pratique ès Bareaux, vn tout semblable excez,
Et les Arrests de Cour, sont si fort espicez,
Que la chaude aspreté, la langue si fort picque
Du malheureux Plaideur, qu'il en deuient Etique,
Tout aride, & tout sec, tant l'ardente chaleur
De l'Arrest espicé, luy a fany le Cœur :

Tel saupoudrez Arrests, Espicez à outrance,
Consomment des Plaideurs la graisse & la substance,
Retranchent leur desbauche, & dissolutions
Gardent de Pourriture, & de corruptions
Leurs corps en consõmãt &leurs biẽs &leurs graisse,
Coruption de mœurs, prouient de la richesse,
Et l'abondance rend les corps effeminez
Putrefaits, Corompus, à tout vice adonnez,
Ceste espice de Court mange la chair molasse
Des corps de nos Plaideurs, desaichez en carcasse,
Pour mieux les conseruer, de putrefaction
De luxe, gourmandise, ou lubrique action.

O Baulme souuerain, Espice singuliere,
Tu changes des Plaideurs la nature ordinere,
Tu contrains les meschans, se rendre gens de bien,
Ayans esté purgez & netis de tout bien,
Par la force & vertu de tes fortes Espices
Lesquelles ont changé leurs premiers exercices,
Et d'obstinez Plaideurs, en ont faits des bigots,
Hermites, Cordeliers, ou Capucins deuots,
Plustot par desespoir que par vn ardent zelle;
Bref ce Baulme de Cour, sur tous autres excelle

En force & en vertu : Et les grands larecins
Des Iuges corompus, prenans à toutes fins,
Et drogans leurs Arrests d'Espices de Pactolle,
Font iouer par miracle aux Plaideurs diuers rolle,
Et comme Passerat a doctement chanté
Les Procés & les Dieux, ont grande affinité:
　Les Dieux pour rendre à tous leur venuë incertaine
Marchent, comme l'on dit , auec des pieds de laine,
Les Procès au venir , marchent si doucement
Qu'on ne s'en apperçoit à leur commencement,
Puis d'vn son esclatant leur presence est congnuë
Les Dieux, & les Procès , sont voilez d'vne nuë.
　Aucunefois les Dieux se rendent Partisans,
Comme au siege de Troye ils feirent par dix ans,
Mais d'vn commun accord en la dixeme année
La liurerent aux Grecs pour estre ruinée :
Aduocats aux Bareaux , on void s'iniurier,
Prests à se prendre au poil , & en sorte crier
Vn chacun pour son droict, que tout le Parc en treble,
Et au sortir de là ils s'en vont boire ensemble.
　Les Dieux vendent les biens aux hômes cherement
Achetez par labeur, soucy, peine & tourment ,
Dont la proprieté n'est par eux garantie
Auant que par procés soit riche vne Partie,
Il se faut coucher tard, & se leuer matin ,
Et faire à tous les coups le Diable sainct Martin,
Remarquer vn logis, assieger vne porte,
Garder que par derriere vn Conseiller ne sorte,
D iiij

S'acoster de son Clerc, caresser vn Valet,
Recognoistre de loin aux ambles vn Mulet,
Auoir nouueaux Placets en main & en Pochette
Dire estre de son creu tout cela qu'on achette,
A beaux deniers comptans, bref, il faut employer
Possible, & impossible, à Procés festoyer.

*   On n'ose desmentir des Dieux les saincts Oracles,*
Ny l'Arrest des Procés : Les Dieux font des miracles,
Les Procés que font-ils ? les plus goureux troter,
Galoper les Boiteux, à les soliciter,
Les rendans au besoin prompts, dispos & habilles,
Du milieu des forests, ils attrainent aux Villes,
Cerfs, Liéures, & Sangliers, sans rets ny hameçons,
Et sans moüiller la pate, ils prennent les Poissons,
Leur oculte caballe, atire Merairies
Villages, & Chasteaux, rentes & Seigneuries.
Voila le vray discours, de cet Autheur fameux
Comparant dextrement les Procés aux grãds Dieux,

*   Mais en ces longs Procés trop longuement i'insiste,*
De mon premier discours faut reprendre la piste
Sans plus m'extrauaguer ; Ie dis que les Deniers
Qu'on tire des Estats des meschans Officiers
Sont destrempez au sang, du peuple miserable
Qui sert à ses Larons, de Marotte, & de fable,
Et le Roy mal seruy de ce nombre effrené
D'officiers inutils, dont il est ruiné

*   On tient nos derniers Rois tres-prudens & habilles*
Durant vingt ans de cours de nos guerres Ciuilles,

Se trouuants lors reduits comme à l'extremité,
Leurs Thresor espuizé, plains de necessité,
Sans auoir leur recours à dautres artifices,
Auoir tiré d'argent des Ventes des Offices,
La somme de Deux Cents trente neuf Millions,
Suyuant le Veiel calcul, qu'Inseré nous trouuons
Dans noz Historiens : Mais la cause cessante
De la necessité, par la Paix renaissante
Cesser deuoit l'effet : Il faloit suprimer
Ses offices par mort, qui ne font qu'oprimer
Et affoiblir l'Estat, de rüines cruelles.
    On dict pour excuser les Parties Casuelles,
Que sans l'argent tiré de ses Venalités
D'Offices, que noz Roys de guerres agitez,
Leur Espargne espuizee, & vuide de finances,
Le peuple eussent chargé de Subsides Immenses,
D'Impos. & de Tributs, Afin de subuenir
Aux grands frais de la guerre, & a s'entretenir,
Mal qui fust arriué sans l'argent des Offices
Dont le peuple a receu, de tres-grands benefices:
    En guerre ie l'aduoüe, & aux extremitez,
Mais la guerre finie & nos calamitez,
Nos Hyuers escoulez la saison reuerdie,
A quoy faire vn remede au corps sans maladie,
Sinon de l'afoiblir & perdre de tout point.
Que sert d'aporter l'eau, au feu qui est estaint,
Que sert l'Hyuer passé & la grande froidure,
En Esté se vestir d'vne double fourrure,

Sinon charger le corps & le mettre en sueur,
Dissiper les esprits & affoiblir le cœur.

   Ie sçay pour excuser cette orde marchandise
Qu'on voudra m'aleguer, les Seigneurs de Venize,
Tres-sages, tres prudens Politiques ruzés,
Aux affaires D'Estat subtils, & aduizés,
Qui se voyans pressés en vne guerre extreme
Encontre l'Empereur, & Louys Douzieme,
Guerre qui leur Thresor espuisa de deniers,
Feirent erection de plusieurs Officiers
Par vente & pris d'argent, dedans leur Republique,
Et de ceste forcee & contrainte pratique,
Tirerent en Sequins, plus de Cent millions,
Remplissans leur Thresor, par ses erections.

   Mais leur Thresor remply, ils casserent l'Vsage
De tous ses Officiers, par vn conseil tres-sage,
Preuoyans prudemment, combien tout le Publiq,
De dommage eust receu, de ce villain trafiq,
Duquel leur Seigneurie, eust esté opprimee
Ceste vente d'Estats fut par eux suprimee
Par vne grand prudence, & tres-meur iugement,
Considerans de prés le peril eminent
Que pouroit aporter vne telle abondance
De nouueaux Officiers, introduits par finance
Plustot que par merite : Enquoy s'ils ont failly,
Le mal long temps chez eux, ne s'est pas enuieilly
Ils y ont promptement aporté le remede,
Aussi leur Seigneurie, en la police excede

Toute autre Nation: Mais nos autres François.
Si la neceßité nous contraint quelquefois,
Pour recouurer argent, aux Importans affaires
Soit de guerre ou de paix vn peu extraordinaires,
De nouueaux Officiers, par Edits eriger
Le mal estant passé, la guerre & le danger,
Qui nous forçoit de prendre, vn remede si rude
Nous changeons ce remede, en parfaicte habitude,
Nous laißons le Cauthere, apres la guarison.
Qui difforme le corps de l'Estat sans raison.

    Que sert la Frâce en paix, saine, & sâs maladie,
Ceste vente d'Estats, qui la rend enlaidie,
Ce Cauthere villain, que la neceßité
Luy auoit ordonné, pour recouurer santé,
Et l'ayant recouuerte, à quoy laisser encore
Ce Cauthere actuel, qui son corps des-honnore.

    Cest manquer de ceruelle, & se rendre aueuglés,
C'est auoir tout les sens, & espris, desreglés
De penser descharger, le Peuple par la vente
D'Offices, & D'Estats, sa ruine euidente,
Source de l'Iniustice, & des Corruptions,
Pont-Leuis abatu, aux dißolutions,
Au Luxe, à l'auarice, aux larecins iniques,
Gangrene des Estats, Peste des Republiques.

    Peut estre l'on dira, que c'est pour recourir
A la neceßité, c'est plustot la nourir,
Cest fomenter le mal, source de nos miseres,
C'est proprement guarir, l'vlcere, par vlceres,

Le chancre, par le chancre, Et si l'on ne void pas,
Que ce mal conduira nostre France au trespas :
Car ces coruptions, ceste infame auarice,
Ces cruels larecins, & l'extreme Iniustice,
D'vn nombre d'Officiers, lesquels ont cherement,
Acheté leurs Estats au total detriment,
Du peuple, & des plaideurs, qui sõt cõtrains de rẽdre
Aux Iuges ce qu'en gros, il a falu despendre,
Pour auoir leurs Estats; Qui les rend Exacteurs,
Arabes, & Tyrans, à l'endroit des Plaideurs,
Tombez soux leur pouuoir : La perte de nos Villes,
Subiet qui à produit, tant de guerres Ciuilles.
Sans lesquelles nos Roys, n'eussent estè contrains,
Par la necessiteé, dont ils estoient attains,
Sur le Peuple imposer, tant de Daces nouuelles,
Tout ce mal donc prouient des Parties Casuelles,
Qui n'aportent au peuple, aucun soulagement,
Au contraire il en est foullé cruellement,
Et succé iusques aux os, par ces Iuges impies,
Ses larons d'Officiers, ses gourmandes Harpies,
Desquels l'auide faim ne rassasie iamais,
Gens qui font sans magie vn gouffre d'vn Palais,
Duquel rien ne ressort que les ombres errantes,
Des obstinez Plaideurs : Car les eaux deuorantes,
De ces gouffres beants, ont leurs corps & leurs biens:
    Bref ceste Vente a fait d'estranges deuoyemens,
Au corps de cet Estat : renuerse la Iustice,
Aux pieds foullé nos Loix, authorisé le vice.

A donné l'ouuerture à nos diuisions,
Fait naistre parmy nous tant de confusions,
Fait marcher la rapine, à triomphante Enseigne,
Mis la corruption, & le luxe en Campagne,
La Iustice à roüet, & à resort, rompu,
Subiette aux passions d'vn Iuge corrompu,
Retranché tout respect, & renuersé tout ordre,
Alaicté la desbauche, & noury le desordre.

Ceste entree aux Estats, par l'argentine clef,
A fait de nostre Droit vne vagante Nef,
Sans voille, sans tymon, sans mail & sans cordage,
Vogant au grè du vent, de l'humain arbitrage,
Des Iugemens diuers : l'vn Iuge par les Lois,
L'autre par les Docteurs, se regle quelquefois,

Cetuy suiura la Gloze, à nos Docteurs contraire,
L'autre accuse sa gloze, à son texte aduersaire,
Les Lois, & les Edits, Coustumes, Reglemens,
Ayants les nerfs foulez, ont diuers trotemens,
Ainsi que les cheuaux dont la diuerse alleure
Change diuersement de train & de posture.

Ainsi est il des Loix, qui n'ont rien d'aresté,
Par la coruption, de la Venalité,
Depuis qu'on à passè & franchy la barriere,
Des Status establis, Et iettè en ariere
L'ame & la conscience, On ne trouue Status
Reglemens & decretz, qui ne soient abatus,
Nulle Loy qui soit stable, ou tres-mal expliquee,
Chacun a son profit, l'explique ou rend tronquee

Les Edits esbranlez, ou par exceptions :
Diuisions, Conseils, gloses, Decisions,
Amplifications, Apostilles Exemples,
Ainsi, Lecteur ainsi, on ne void en ses Temples,
Consacrez à Themis, rien qui son asseuré,
Le Droict souuentefois y est fort, alteré
On y mesure tout, a l'aulne de sa teste
Et la Corruption y est comme en son feste.
Bref la Vente d'Estats, pour de bons Officiers,
A fait naistre és Barreaux plusieurs Laros Baquiers,
Qui vendent de Themis les parolles diuines
Et les Arrests sacrez : O langues Serpentines,
Aspics qui d'vn regard, empoisonnez le cœur,
Infectes les esprits, & corompés la fleur
De la virginité, de cette saincte Astree :
Vermisseaux vous rongés, l'Escarlate pourpree
De son manteau Royal : D'Hermines moucheté,
Comme representant sa grande pureté
Que vous contamines : Hazardeux Empyriques
Vous gastés sa santé, par vos drogues Chimiques
Vous hazardez sa vie, effrontez Charlatans,
Ioueurs de gobelets, Basteleurs abcvsans ;
     Par vos coruptions vous rendes deplorable
La vie, & la santé, de ceite Nymphe aymable
Par fortes potions vous ruynez son corps,
A luy humer le sang, tendent tous vos effors,
Ainsi que Sang-sues, auidemment tirantes,
Ou comme ses Freslons, & Guepes bourdonnantes

Vous taschez d'essleurer le suc plus sauoureux
La cire & le Miel, des Plaideurs mal-heureux.
    De tant d'infection, vostre halaine est farcie
Qu'on vous peut comparer aux Pierres de Lycie,
Qui ont ce naturel que le moindre sujet
Qui les touche de prés, deuient soudain infet:
Ainsi vous corompez tout ce qui vous approche
Iuges larons on peut vous faire ce reproche
Car du venin mortel de vos coruptions,
Vous gastez par Procès les plus riches maisons
Qui ont senty de prés vostre halaine puante,
Qui rien qu'infection ne produit & n'enfante,
Que corompus aduis, que Conseils alterez,
Par lesquels les Plaideurs ont estè attirez
Dans les lacs des Procès, plains de chicanerie
Qui tost les empoisonne, ainsi qu'vne voirie,
Ou vn vent pestilent, duquel enuenimez,
Leurs vies, & moyens se trouuent consommez.
    On vous appelle à tort de Iustice Ministres,
Vous ne meritez point ces honorables Titres
Donnez aux gents de bien, à ses Mignons des Dieux,
Qui rendent sans flechir la Iustice en tous lieux:
Vous estes bien plustost Officiers de Mercure,
Non pas en eloquence & beaux dons de nature,
Mais bien en larecin, si commun entre vous
Que les plus corompus sont preferez à tous,
Tant l'auarice regne & l'orde voirie,
Dont on fait auiourd'huy publique mercerie.

Ces ruzez Officiers imitent le Boucher,
Lequel flatte l'Agneau qu'il desire escorcher :
Ils reßemblent encor l'Hyene, qui rusee
Contrefaict dextrement la voix organizee,
Du champestre Pasteur, pour fine l'atirer
Au profond de son antre, & là le deuorer :
  Ainsi ses Officiers plains de ruze & fineße,
Desirans d'atirer des Plaideurs la richeße,
Les charment doucement d'vn langage flateur,
Et de pipeurs apas leur desrobent le cœur.
Auant que leur oster & leur chair, & leur graiße :
Comme le fin Boucher, & l'Hyene traistreße.
  Ces Iuges corompus, de Iacob ont la vois
Mais ils ont d'Esaü & les mains, & les doigs,
En trompant ces Isacs, ils font les chatemites
Lors ils ont de Iacob, la voix en hypocrites ;
Ils font deuotieux, ce ne sont qu'Oraisons,
Chapelets, grains benits, ceintures de cordons,
Dizains, Agnus Dei, Patenostres, Rosaires,
Mais au partir de là, ce ne sont que corsaires,
Larrös qui se monstrãs aux Plaideurs fort humains,
De Iacob ont la voix ; mais d'Esaü les mains,
Mains de coruptions, & larecins velues,
Serpentins vermißeaux, & chenilles pelues,
Qui gouspillent les fleurs de nos blanchißans Lys,
Lesquels vont decorant les iardins de Themis :
Fleurs Royalles de Lys, par l'vniuers fleurantes,
Que ces vers corompus, veulent rendre puantes.

Ce mon-

Ce monstrueux encan, des Offices Venaux,
A faict naistre souuent es Pallais & Barreaux
Des gens fort Ignorans, des testes mal tymbrees,
Des esprits corompus, des ames Vlcerees,
Des folastres quinteux, des turbulens Demons,
Des Cloaques d'ordure, & de coruptions;
Et bref ceste vilaine, & orde marchandise
A si bien allumé, les sœux de conuoitise,
Et empraint en nos cœurs, Vn desir rapineux,
Quil est à craindre en fin, que ses deuorans feux
Bruslans incessamment, dedans les cheminees
Des Temples de Themis, ne les ayent tant chargees
De suye & suc fumeux, naste & souffre bruslant
Au plus petit esclat, qu'Vn estranger meschant
Y voudroit eslancer, Dont la moindre estincelle,
Embraseroit l'Estat, d'Vne flame cruelle
Entretenuë du bois de nos diuisions,
Desordres, Larecins, Luxe, concussions,
Dequoy si l'on n'estaint, la premiere semence
Suprimant la pluspart des Officiers de France
Qui ruinent l'Estat : Il y aura danger
Qu'en fin nous ne seruions, de proye à l'estranger.
Pour la seconde fois, ie suis contraint de dire
Qu'aux mechans seulement, s'adresse ma Satyre,
Aux Iuges corompus, qui venal ont le Cœur,
Ie sçay qu'on trouue encor, beaucoup de gës d'hõneur,
Dedans nos Parlemens, & Cours Inferieures,
Qui font bonne Iustice, & montrent à leurs œuures,

E

Quelle est leur conscience & leurs droictz Iugemèns,
Gens qu'on peut comparer, à ces doux Instrumens
De Vulcain, qui rēdoiēt d'eux mesme Vne harmonye
Ses gentz font bruire ainsi, leur loüenge Infinie,
Sans mendier d'autruy la plume n'y l'archet,
Dont le los florissant n'est subiet au dechet
Du Saturne rōgeard, car à iamais leur gloire,
Demeurera grauee, au Temple de Memoire,
Comme vrays Rhadamās, Cubes de fermeté,
Tres-seueres Minos. Æques dequité,
Gens de bien, vertueux, Doctes Incoruptibles
Qui par concußions ne rendent contemptibles
La Iustice & les Loix: dont le pourpre esclatant,
Le Throsne du grand Dieu, çà bas va demonstrant
  La Iustice ressemble, à la Verge Sacree
De Moyse, & des Hebreux, iadis tant admiree
Tandis que ceste Verge en haut droicte on tenoit,
Moyse deuant tous, Miracles en faisoit,
Que si on l'abaissoit, sa force desprimee,
Et toute sa Vertu se tournoit en fumee.
  La Iustice est ainsi, tant que droicte on la tient
C'est de toutes Vertus, Vn luysant firmament,
Vn Soleil rayonneux, dont la douce Influence
Faict fleurir cet Estat, & le tient en essence,
Conserue de nos Lys, la diuine blancheur,
Maintient leur tyge en Vert, & espanit leur fleur.
  Mais si ceste Iustice & Verge l'on abaisse
Si flechir par argent, Mercenaire on se laisse,

Lors elle perd sa force, & sa masle vigueur,
Son lustre, s'obscurcit & toute sa splendeur.

   Ceste Iustice encor, parfaitement ressemble
A la masse du sang, qui és vaines s'asemble,
Si ce sang se corompt, & gaste quelquefois
Lors il reduit le corps, aux extremes abois,
Ou bien luy faict souffrir, des Accés tres-difformes
De fiéure tres - aigue, excitant des Symptomes
Horibles & cruels: Palpitement de cœur,
Conuulsions de Nerfs, Phrenetique fureur,
Dont sa force languist, au lict toute rompue.

   Si la Iustice ainsi, se trouue corompue
Au corps de cet Estat, Si son sang est gasté
Où gist toute sa force: Il est lors agité
De fiebure continuë, horible & sans remise,
Qui rend le Prognostiq douteux, auec la Crise
Si nature ne rend, a la fin quelque effort
On peut iuger l'Estat, en grand peril de mort,
Par la coruption de la musse Sanguine
Des ministres peruers, de Themis la Diuine.

   Hê! quelle est ceste siebure, & ses **Conuulsions?**
Sinon les larecins, & les **Concussions,**
Commises chacun Iour par les gens de Pratique,
Causans la maladie, à l'Estat Monarchique
Qui en fin le mettra, à l'Extreme Onction
Sil n'est tost repurgè, de la Coruption,
Des mauuais Officiers qui bruslez d'auarice
Exercent la Pyrate, & non pas la Iustice.

E ij

Ceux qui ces dignitez, ont voulu rechercher
Et à qui leurs Estats ont cousté si tres-cher
Prennent à toutes mains, Iugent sur l'etiquette,
Au profit du Client, qui remplist la pochette
De bons doubles ducats, sans le saq deslier.
Feignent quelque deffaut, pour le droict paslier
Supposent dextrement, titres, & pieces faulces,
Desguisants l'Iniustice, en cent diuerses saulces,
Pour la faire aualer, au moins riche Plaideur,
Lequel n'a tant donné, que son Competiteur.
Obmettent à dessain, quelque piece Importante
Pour faire voir expres, vne erreur euidente
De l'aduerse partie, afin de suporter,
Celuy qui plus d'escus, leur aura sceu porter,
Bien que sa cause soit meschante & deplorable
Sans droict, ny equité, de soustien Incapable.
Supriment ce qui sert aux Interogations
Font eux mesme aux Tesmoins la bouche & les leçõs
Pour donner gain, de cause au corupteur Inique
Qui de dorer la main, entend mieux la prattique:
Traistres descouuriront, le segret & ressort
De la cause, au Plaideur, qui chicane à grand tort
Son voisin, pour auoir, son petit heritage
Que par coruption, chicane & tricotage,
Il tasche d'usurper : par l'ayde & la faueur
D'vn Iuge Corompu, & traistre Raporteur.
Prolongeront le temps, des Arests ou Sentences,
Ou bien l'aduanceront, selon les occurences,

Qui pouroit arriuer, pour leur vtilité,
Ou ce quelques amis, qui l'auront merité.
Traicteront les Arrests, à mode d'Estriuieres,
Alongés, racourcis, en diuerses manieres:
Ils les alongeront, par amplifications ,
Ou les accourcirons, par Cent restrictions.

Donneront aux Plaideurs vne vaine esperance
De gaigner leur Procés, pour tirer leur substance,
Faisant naistre à dessain, mille & mille incidens,
Pour les entretenir, en de nouueaux despens:
Tenans comme Barbiers, tousiours la playe ouuerte
Pour bastir leur fortune, aux despens de leur perte
Et subtils ratraper, ce qui leur a cousté
Pour auoir leur Estat, cherement achepté.

Ceux qui les ont cornus, comparent leur nature
A ces Prognostiqueurs, de la bonne Aduenture,
Qui sont tous Charlatans, & qui vont abusant
Le Populaire sot d'vn langage plaisant,
Car de leurs Gobelets, ils charment vostre veuë,
Mais s'ils ont vne fois, la place reconnuë
Où vostre argent se cache, Ils y fouillent si bien
Qu'ils prennent vostre bource, & vous n'en sétés riẽ.

Ces Iuges Corompus mesme ruse pratiquent
A l'endroit des plaideurs, que subtils ils attirent
Par les fins Gobelets, de leurs deceptions
Ruses, subtilitez, feintes Inuentions
Pour tirer leur argent, Car leur façon Renarde
Et leur œil seulement, sur leur bource regarde

E iij

Afin de l'atraper, en ruzez Charlatans,
En matois Basteleurs, & fins Ægyptiens,
Les plongeans sans subjet, en vne fourmiliere
De faicts contentieux; Mouuante Chenilliere
De procés immorteles, Où l'vn va finißant,
De ses Cendres aprés, l'autre va renaißant
Côme vn nouueau Phœnix: C'est vn Hydre à cět testes,
Dont l'vne estant coupée, il faut que tu t'aprestes
D'en voir plusieurs apres, renaistre & repoußer
Sur le tronc ja coupé, C'est à recommencer
C'est vn trauail sans fin, vne peine eternelle,
Qui de sa mort prent vie, & tousiours renouuelle
Vn Dedale Cretois, plain de diuers destours,
Où les pauures Plaideurs, se perdent tous les iours:
    C'est proprement l'Enfer, de la vieille Sybille
Nayuement despeinct, par les vers de Virgille,
Enfer, duquel l'entree estoit facille à tous,
Le chemin aplany, aysé, coulant & dous,
Mais la difficulté, estoit a la sortie,
C'est où gisoit la peine, & le coup de partie:
    Il en est tout ainsi, de l'Enfer du procez
L'abort en est aysé, tres facile l'accez
Mais l'ißue est fascheuse, & plaine d'amertume,
On y laiße tousiours, ou le poil, ou la plume,
La despouille y demeure, au sortir, & la peau,
Ainsi que la Couleuure au poinct du renouueau
De la terre sortant, laiße au trou sa despouille,
Au sortir du procez, vn Plaideur se despouille

De ses biens & sa peau, si bien qu'estant dehors
De cet Enfer, il semble vn Ombre errant des Mors.

   O Iuges corompus, vous remplissez vos bourses
Du sang de ces Plaideurs, à guise de ventouses:
On vous peut comparer, à ces creuzés Memnons,
Qui n'auoit son ny voix, qu'aux eclatans rayons
Du Soleil lumineux, vous estes ces Idolles,
Vous n'auez son ny voix, qu'au Soleil des Pistolles
Et tous vos Iugemens, n'ont pour but que ce son
Qui coromt vos esprits, charme vostre raison;

   Les Oyseaux Tipheens, ne sont point si auides
Que vous, qu'ô peut nômer, vrays Tôneaux Danaïdes
Qui n'emplissent iamais, quoy qu'on mette dedans,
Vous estes ces filets, d'Homere, tous Prenans.

   Vostre ventre est beant, tref-ample d'ouuerture,
Qui du Cameleon imite la nature,
Qui seul de tous Oyseaux, ainsi comme il apert
Demeure nuict & iour, sans fin le beq ouuert:
Non pas pour vous remplir, de vent & de fumee
Comme faict cet Oyseau, à son acoustumee,
Mais bien, pour engloutir Pistolles & doublons,
Sans vous paistre de vent, comme Cameleons.

   Tantales alterez, bouches tousiours beantes,
Qui des eaux de l'argent, n'estes iamais contentes:
Autruches vous pourrez bien digerer le fer
Qui tant d'or & d'argent, aualez sans macher
Dont vous ne soulez point, non plus que l'Hydropique
Lequel tant plus il boit, plus à boire s'aplique
E iiij

Iusques à tant qu'il creue , & aduance sa mort :
Ainsi meschans Larrons , apres auoir à tort ,
Par vos coruptions , humé tant de richesse ,
Vous creuerez en fin , & vostre ame sans cesse
Bruslera sans brusler dedans l'Infernal feu,
Où mourant sans mourir , languira peu à peu
Aux extremes tourments ; pour iuste recompense,
D'auoir trop alterez , aualé la substance
Des malheureux Plaideurs , par iniques moyens,
Coruptions , longueurs , ruzes & dilaymens.
    Il y a deux Cents ans que telles voleries
N'auoyēt point tant de Cours , dedans nos Pledayries,
Car alors , les Estats n'estoient encor Venaux ,
Qui ces grands larecins , on faict naistre és Barreaux,
    Ceste venalité , nostre malheur extreme
Print son commencement soubs Louys Douzieme,
Ce Monarque François , desployant L'Oriflan
Par armes entreprent , de conquerir Milan;
Naples estoit aussi le but de sa conqueste,
Et pour y paruenir , vne armee il apreste,
De pied & de cheual , & passe outre les Mons,
Si bien qu'il fut contraint de faire vn tres-grăd fonds
D'argent , pour souldoyer vne si grande armee,
Autrement son dessain eust tourné en fumee,
Car sans ce puissant nerf , on entreprend en vain
De faire reüssir vn genereux dessain :
Ayant donc entrepris ceste guerre Estrangere,
Il falut rechercher quelque creuse miniere ,

Pour recouurir argent , afin de subuenir
Aux frais de cette guerre, & à l'entretenir,
On n'eut pour lors recours à d'autres artifices
Que de mettre à l'encan, les Estats & Offices,
Ainsi qu'au plus offrant : mais auant ce malheur,
Les Estats se donnoient par merite & faueur,
Et par election de gens plains de Prudence ,
Tres doctes, tres sçauans, de bonne conscience,
Gens d'honneur , vertueux, tres experimentez,
Qui combloyent de bon-heur nos Villes & Citez,
Où tres-heureusement florißoit la Iustice;
Sans dol ny tromperie , auarice, injustice ;
Mais il faut excuser cette necessité,
Où nostre vray L O V Y S, vray Patron de bonté,
Se veid alors reduit par la guerre Estrangere,
Qui luy donna subiet d'apozer ce Cautere,
Cet Vlcere profond , ce chancre deuorant ,
Qu'on pouuoit retrancher vne Paix suruenant,
Sans le laißer croupir sur le corps de la France,
Qui la rend toute Ethique , & met en decadence
Ses nerfs , & sa vigueur , comme on void en effaict
Son taint iaulne & plombé, cacochime & desfaict;
 Aussi nos derniers Rois, HENRY trois & Quatriéme
Auoient bien resolu de creuer c'et Empieme,
Cet apostume infet qui tousiours grossissoit :
Mais souuent leur dessain quelque obstacle empeschoit
L'Vn en fut empesché par nos guerres Ciuilles ,
Qui de flame , & de feu, vindrent enclouir nos Villes ;

L'autre par vn deſsain, digne de ſa valeur
Pour rauoir ſes Eſtats, ou ſe faire Empereur,
Deſsain qui requeroit, grand nombre de finance,
Sans laquelle ſouuent, ſuccombe la vaillance.
Mais vn Lutin d'Enfer, vn cruel aſsaſin,
Mettant ce Prince à mort, feit mourir ſon deſsain,
Et le deſir qu'auoit, ce ſecond Mars en terre,
De reformer la France, au retour de la guerre,
Ayant par pluſieurs fois, ce grand Roy nompareil
Promis conſidemment, à meſsieurs du Conſeil,
Qu'ayant excecutè, ſa guerriere entrepriſe
Il vouloit au retour, ſans aucune remiſe,
Retrancher les longueurs, & les formalitès,
De Iuſtice & oſter, toutes Venalitès,
D'offices, & Eſtats, Et ſuprimer le nombre
D'officiers inutils, la ruyne & l'encombre,
De ſes pauures ſubiects, qu'il vouloit ſoulager
Et de ce peſant faix, bien toſt les deſcharger:
Mais las pour nos pechès & noſtre demerite,
Dieu nous oſta ce Roy, qui euſt faict qu'au merite
A la ſeule vertu, les Eſtats deſormais
Euſsent eſté donnés, ſans permettre iamais
Ceſte Venalité, ſource de nos miſeres
Propre tant ſeulement, aux extremes affaires
Pour recouurer argent, en vn preſsant beſoin,
Mais en vn temps de paix, vn Serpent ſouſterrain
Dangereux à l'Eſtat: Bref vne ſourde mine
Qui le fera tomber, quelque iour en ruine.

Ceste mine cachee, est bien craindre autant,
Qu'vn effort general, où l'on va resistant,
Au rocher Harpaza, la France estant semblable,
Qui meu de tout le corps, demeuroit ferme & stable
Mais si quelqu'vn du doigt, seulement le touchoit,
Aussi tost ce rocher, mobille deuenoit.

La France en est ainsi, car vne guerre ouuerte
Ne luy faict tant de mal, qu'vne mine couuerte
Pour gauchir ce mal-heur, & Prudens l'euiter,
Il faut subtillement, ceste mine éuenter,
Auant que le feu prenne, à l'amorce de poudre,
Et lors on rendra vains, les effets de ce foudre,
Qui menasse l'Estat, de grande opression.

La Contremine gist, en la supression
D'vn nombre d'Officiers, de la Iudicature,
Et que mort aduenant, par les loix de nature
De ce nombre Inutil, de larrons Officiers,
Nuls ne fussent receus, par desbours de deniers
En la place des morts: Que certains personnages
Par merites choisis, exerceroient ses charges
Offices & Estats gentz de bien, Vertueux,
Tres-doctes tres expers, & tres-Iudicieux,
De seueres Catons, sages, Incorruptibles,
Æaques d'equité, ornts du tout Inflexibles,
Desquels on choisiroit vn nombre suffisant,
Pour rendre la Iustice, au Bourgeois, au Paysant,
Au Noble à l'Artisan, & à l'homme D'Eglise,
Et lors on reuerroit nostre France remise

En son antique lustre & pristine grandeur,
Ainsi qu'vn clair Soleil rayonnant de splendeur:
Themis se reuerroit de gloire enuironnee
Et pour marque dhonneur, sa teste couronnee
De mille belles fleurs: son pourpre esclateroit
Par tout cet Vniuers, Et lors on reuerroit
La Iustice en son Trosne & en son Apogee
De larons Officiers netyee & repurgee
Es Palays & Barreaux: I'excepte en ces escris,
L'auguste, & tout diuin, Parlement de PARIS,
Lequel va surpaßant tous les Senats du Monde
En doctrine, Equité en Sageße & faconde
Senat si acomply en sa perfection,
Qu'il est du tout exempt de la coruption,
Pour estre vn Ciel formé d'vne pure matiere,
Quinte-eßence celeste, & diuine lumiere,
Qui n'a rien de commun auec les Elemens
Desquels sont composés les autres Parlemens,
Sieges & Baßes Cours, de matiere moins pure
Que ce grand Parlement, de celeste nature,
Monté en l'Epicicle & haute region,
De Supreme grandeur, où toute Nation
Flechissant le genouil luy vient rendre l'hommage
Comme au souuerain siege & arbitre tres sage
Des Princes Estrãgers: Ainsi comme autrefois
On a veu des Seigneurs, Monarques & grands Roys
A ce grand Parlement leurs differens remettre
Es à son Iugement treshumble se soubmettre

Comme à vn Sainct Asile, à tous humains ouuert
Ce que va tesmoignant cet Emblesme couuert
Graué sur le portail & riche frontispice
De ce premier Senat, Soleil de la Iustice,
Auquel est figuré vn lyon genereux,
Panchant la teste en bas, & la queue & les yeux,
Voulant par ce signal, d'humilité aprendre
Que les plus grands Seigneurs doiuent hommage rẽdre
A ce grand Parlement, Iuge de l'vniuers,
Que ie ne puis asez extoller par mes vers:
Comme siege des Pairs, & grands Princes de France,
Le Throsne releué des Roys & leur puissance,
Le Theatre esminent de leur felicitè,
Leur Auguste Senat brillant de maiestè,
Le soustien de l'Estat, le seul Iuge & l'Arbitre
Des Princes & des Grands, Parlement dont le tiltre
Est si tres releué sublime & glorieux
Qu'on ne void rien çà bas de plus Maiestueux
Que ce siege des Roys : Puissance souueraine,
Des autres Parlemens la source & la fontaine,
Bref la clef de l'Arcade; arcade qui maintient
Les coupes l'vne à l'autre, & l'ouurage maintient,
Le Centre & l'abregè de la grandeur du Prince
Bariere entre les Grands, & le peuple plus mince,
Vn Consistoire sainct, Conseil de demis-Dieux,
Ciel brillant de Soleils & de Celestes feux,
Dont les Quatre Elemens sont les fermes Coulomnes,
Lict de pourpre entouré releué de Couronnes,

Tout au tour embelly, des Devises des Rois,
Tout parfumè des fleurs de nos beaux Lys François,
Throsne representant la Maiesté Diuine,
Lict sacrè, lict Royal, lequel a pour Courtine
Et pour superbe Days, la Souuerainetè,
Pour Dossier la Vertu, Pour Siege la Bonté,
Pour riches Oreillers, la tres-pure Innocence,
Et pour son Marche-pied, la fidelle Obeïssance,
Pour degrez la Iustice, & ferme Integrité
Et pour ses Acoudoirs les Loix & l'Equitè,
 Bref ce Throsne Diuin, qui tous autre excelle
Remplist de ses vertus la Terre Vniuerselle,
De sorte que l'on Void du Leuant au Couchant;
Et du Nort froidureux, Iusqu'-au Midy bruslant
Les Peuples adorer ce Senat magnifique,
La gloire de l'Europe, & d'Asie, d'Afrique,
Le Centre & racourcy des plus rares espris,
Qui soient en l'Vniuers, enclos dans le pourpris
De ce grand Parlement, duquel les saincts Oracles
Et les Diuins Arests sont autant de miracles:
C'eust donc esté raison que ces bons Officiers
Eussent en leurs Estats sans desbours des deniers,
Comme gentz vertueux, excelens en merite,
Tres-doctes gentz de bien, l'Elixir & l'eslite,
Des homes plus parfaicts qui soiët dessoubs les Cieux
Desquels est composé le corps tres-lumineux
D'Vn si digne Senat, si graue & si Auguste,
Si sainct, si reuerè, si celebre & si iuste,

Inflexible, equitable en tous ses Iugemens,
L'Oracle, & le Soleil des autres Parlemens,
Lesquels vont empruntant ce qu'ils ont de lumiere
De ce premier Senat, leur lampe originere
Le Polle & le Piuot sur lequel vont tournant
Tous les autres Senatz , son Cercle enuironnant.
    Des autres moindres feux il est encor principe
Et des Presidiaux , le diuin Archetipe,
Leur modelle & Patron, qui les doibt obliger
De suyure son exemple à droictement iuger.
Ce que feront encor, les Cours Inferieures,
Qui nettes de Larons deuiendront bien meilleures
Passees à l'Alambiq' de la supression,
Qui les repugera de la coruption
En tirant le plus pur, l'esprit & Quinte-essence,
D'Officiers gens de bien, iettant la residence
Des Iuges corompus, bien loin de nos Bareaux,
Comme excrement resté, dans le fondz des Vaisseaux
Et alors l'Elixir, la fine fleur & l'Ame,
De plusieurs gens de bien exerceront sans blasme
Sans dol , coruption la Iustice en tous lieux,
Et se feront du Peuple adorer comme Dieux.
    Chassés donc ô grand Roy , race Herculienne
Ces Monstres D'Officiers, engeance Typheenne,
Qu'es Pledairies on void voz Subietz tourmenter,
Grand Prince banisses, ces Chiens de Iupiter,
Comme les Boreens, dans les Antres de Crete,
Leur demeure asseuree & commune retraite

Où Iupin, s'il luy plaiſt, les tiendra attachez,
Iuſqu'à tant qu'il s'en ſerue à punir nos pechez,
　　Grand Roy l'on vous compare à ce Serpẽt d'ærain
Eſleué au deſert, qui guariſſoit ſoudain
Ceux qui le regardoient : Ainſi le Peuple eſpere,
Qu'en iettant l'œil ſur vous, ſon Prince debonnere,
Son tutelaire Dieu, & ſon Diuin ſerpent,
Il ſera toſt guary du venin violent
Et du mortel poeſon, & cruelle morſure
Des peruers Officiers, dont la fiere Piqueure,
Sur ſon corps, & ſes biens, penetre ſi auant,
Qu'il eſt tout hors d'eſpoir ſinon vous regardant
De pouuoir obtenir gueriſon & remede,
A vn mal ſi cuiſant, qui ſes membres poſſede,
Le fait viure en mourant, & en viuant mourir,
Et nul que vous, ſon Roy, ne le peut ſecourir,
C'eſt pourquoy à vos pieds ſe ietter il proteſte,
Vous priant humblement d'accorder ſa requeſte.

SATYRE
QVATRIESME.

C'EST trop Satyrizé, sur les Iuges peruers,
Muse, il no° faut vser d'Intermedes diuers,
Affin de côtéter les Lecteurs magnifiques
Côme fôt à dessain les pl° expers Comiques.
Qui voyans L'auditeur du change curieux
D'Intermedes diuers assaisonnent leurs Ieux,
On se degouste en fin d'vne mesme viande,
Le change plaist tousiours à vne ame friande:
Resueille de nos sens toutes les facultez,
Conforte les Esprits las & debilitez:
Change donc de discours, Chere Muse & nous contes
Deux mots des Officiers de nos Châbres des Comptes.
    I'entends des plus peruers, iniques & meschans
Qui ruinent la France en pipeurs Charlatans,
Ie respecte les bons qui du'vn ardent courage
Seruent fidellement nostre Roy en leur charge,
Ainsi que gens de bien, & loyaux Officiers,
Dignes pour leurs vertus de mille vers lauriers.
Ie sçay que la pluspart de Messieurs de Finance
Sont gens tres-vertueux de bonne Conscience,

Ie les suppliray donc par ces vers m'excufer
Si i'oze les Meschans reprendre & accufer,
Bien qu'ils foièt de leurs corps còme naturelz membres
Defquels sòt compozés leurs Bureaux & leurs chãbres
    Vn membre apostumé, libre on peut bien picquer
Sans offencer le corps: Ie puis donc apliquer
Mes Satyriques vers, & ma cauftique plume,
Pour feruir de lancette à creuer l'apoftume
De ces membres enflés de mille larecins
Sans toucher à leurs Corps: Reprendre il m'eft permis
Les mefchans pour des bons faire briller la gloire,
Ainfi comme le blanc pres dela couleur noire
Efclate d'auantage & a plus de vigueur?
Reprenant les Mefchans, On redouble l'honneur
De ceux qui gents de bien, s'exercent a bien faire,
    Ie ne m'adreffe donc qu'à cette race fiere
De Larons Partifans, & peruers Financiers,
Receueurs Generaux, Commis, & Threforiers,
Et autres Officiers, Miniftres de Finance,
Qui defrobent le Roy & ruynent la France:
Ces Meffieurs à voller font le Superlatifs
Iamais on ne veid gents fi affpres & actifs
A ruiner le Peuple & humer la fubftance
Et fur fa pauureté baftir leur opulence:
    De leurs biens & grandeurs largille & le mortier
Eft deftrempé au fang du pauure Roturier
Qui par Taille & Tributs, Impos, Dace nouuelle
Eft fuccé maintenant, iufques à la mouelle

Par les inuentions de ces grands Partisans,
De ces Donneurs d'Aduis, lesquels vont butinans
Les despouilles du Peuple: Et comblés d'abondance
Font Trophèe auiourd'huy, des Deniers de la France,
Dont ils vont disposant, ainsi que petits Roys,
Monarques, Empereurs, qui sont par sus les Loix:
Gents fort ambitieux, & tous bouffis d'audace,
Bien que l'extraction, d'aucuns d'eux soit fort basse,
Tres-vil, & Mecanique, Ayant leur estre prins,
De Droguistes, Merciers, Fripiers, vendeurs de vins,
Marchands, & Hosteliers, soliciteurs d'affaires,
Copistes, Chicaneurs, Clercs Sergeants, & Notaires.
    Bref grand nombre d'entr'eux, de petits Compagnõs
Se sont tost esleués, ainsi que Champignons
Vne nuict a esclos, ceste maudite engeance
De larons Financiers, riches de la substance,
Du Roy & ses Subiets: ils font bastir Maisons
En forme de Palais : Brauants les Pauillons
Du Louure, ou Sainct Germain, & de leurs Metayries
Ils veulent comme Roys, faire des Tuilleries:
    Somme ils brauët par tout à la ville & aux Chãps
Et des Deniers Publics, Ils sont seuls Triomphans.
Chez eux, vous ne voyez, rien que magnificence
Superbes bastimens, tesmoignants l'affluence
De leurs riches Maisons, ou ne reluit aux yeux,
Qu'vn tres-brillant esclat, de meubles pretieux,
Que Vaisselle d'argent, richement esmaillée,
Tapisserie de soye, à fonds d'or Canelée,

Ciels de liéts de drap d'or, ou de toille d'argent
Courtines de velours, couuertes de Clinquant,
Que Salles, Cabinets, & Chambres, tapiſſees:
D'azur, & d'or bruny, richement lambriſſees.
Que tres exquis Tableaux, de Veniſe, ou D'Anuers,
Qui vont repreſentant, mille ſubiets diuers.
      Ce n'eſt encor rien, le luxe & l'abondance
Paroiſt en leurs habits, & leur magnificence:
Ce ne ſont que manteaux doublés de plain velours,
De penne, ou de Satin,: Mais parlons des atours
Qu'il conuient à Madame, ou à Madamoiſelle,
Tant de robes de ſoye, elle porte ſur elle,
Qu'on eſt tout admiré: tant d'exquis Cotillons
De velours figuré, en cent mille façons,
A fonds d'or, ou d'argent, releué à fueillage,
De Satin eſgraffé, ou damas a ramage,
De taſtas Façonné, decoupé, Chiqueté,
Chamaré de clinquant, fil d'or ou argenté:
Les manches de larobe, à Bouillons, en Arcades,
Les rocquets façonnez, Entraquettes Guyſardes:
Tant dafiquets nouueaux, bouquets, poinçons de bal,
De riches cheſnes d'or, de muſq; ou de Criſtal:
      Quelquefois par plaiſir ces braues Financieres,
N'auront rien que la Cotte, & les riches Braſsieres,
De Satin rayé d'or, ou de toille d'argent,
Vn deuanteau de toille ouuragé richement,
D'vn mignard point Couppé faiét d'expertes Lingeres
On diroit a les voir, des Nymphes Boſcageres

Des Deesses de Cypre, ou Dianes des Bois:
Il ne leur reste plus, que d'auoir le Carcois
Et porter le Croissant, au sommet de leur teste,
Mais c'est à leurs maris, qu'ils laissent la Conqueste
De ce gentil Croissant, lequel conuient bien mieux
Au front de leurs marys, Qu'à elles en tous lieux:
Elles s'habillent donc, quelquefois en Deesses
Or en Dames de Cour, & tantost en Princesses:
    Leurs cheueux sont semés de roses de brillans,
Desmeraudes, saphirs, rubis ou Diamans,
Dont le brillant esclat, vous esblouyst la veuë
Comme le clair Phœbus, quand il perse la nuë.
Turquoises & grenatz, ornent leurs braceletz,
Et l'ouurage ne manque, à leurs mignards Coletz
Tres proprement dressés à la mode nouuelle,
Changeans autant de fois, que change leur Ceruelle:
Les riches Carcans d'or, meslés artistement
De Perles de grand prix, leur seruent d'ornement
Pour embellir leur gorge, & luy donner la grace:
Bref on ne trouuera sur leurs corps, nulle place
Exempte de piaffe, & superfluité,
Qui tesmoigne leur luxe, & prodigalité,
Somme ces beaux habitz, piaffes pierreries,
Montrent de leurs Marys, les grandes voleries,
Car pour entretenir, vn si sumptueux train
Il faut de grands deniers, outre le commun gain.
    Ce n'est encore rien, ses riches Financieres
Ne sortent du logis, qu'en Carosse, ou Litieres:

                            E iij

Carosses estoffés de velours façonné,
De Satin, ou Damas, couleur grix, ou tenné,
D'Incarnal, Iaune, vert, orengé, bleu celeste,
Ou quelque autre couleur, que Madame souhaite:
Leur bois tresbien doré d'vn or fin esclatant:
Les Pages, & Lacquays, qui vont l'acompagnant,
Pour Mes dames seruir, haulser baisser portiere
Sont vestus des couleurs de ces Deesses fieres
Ses superbes Iunons, qui pour se pourmener,
Dedans ses Chars dorez se font tousiours traisner
Car cheminans de pied, en Dames de Boutiques
Ils pourroient lors gaster, leurs Patins magnifiques
Estoffez de velours, de boutons d'or ornés,
Et d'vn riche clinquant, leurs bords enuironnés.

   Si ces Dames employent, grand nōbre de Finance
Leur maris de leur part, font bien de la despence
En habits somptueux, en ieux Chiens & Oyseaux,
D'ordinaire ses gens, ont cinq ou six, Cheuaux
Dedans leur Escurie: Oultre ceux des Carosses
Qui traisnent quelquefois, au Bureau ses Colosses
Ces Montaignes d'orgueil, & ses ambitieux,
Ces Vitelles François, prodigues Monstrueux,
Qui font plus de despence, vne seule iournee,
Qu'vn bien riche Marchand, tout le long d'vne annee,
Ce ne sont que festins masquarades & ieux,
Le luxe & la bombance, est en vogue chez eux.
   Hé! qui n'admireroit, leur superbe Cuysine
Que pour entretenir il faudroit vne Mine,

De l'Inde ou du Peru , tant les frais en sont grans
Tousiours en Apollo , ses gents vont banquetans
En Luculles Romains: leurs despences sont telles,
Tartres à l'ambre gris, Amelettes aux Perles
A trente escus le Plat, sans parler des gybiers ,
Et autres mets friands, qui leur sont Coustumiers,
Les potages au musq, les exquises Sallades,
Et d'vn prix excessif, les rares habelades.

Les plus excellens vins de Crane, ou de Coussy,
D'Ay, Beaulne, Auenay, Versenay, & Issy,
Les exquis Muscadets appellés vins de Couche
Sont tousious reseruès, pour la friande bouche
De ses bons Financiers, qui n'espargnent nul pris
Pour recouurer ses vins, delicats, & exquis,
Sans parler des vins forts, d'Espagne, ou Canarie
Vin Grec, & Chiprien, dont leur Caue est garnie.
Si au boire & menger, ils sont tres sumptueux
Ils se monstrent ailleurs par tout voluptueux :

Les Cyprins oyselets, bruslent es Cassolettes
Affin de parfumer, d'odeur de violettes
De musq & d'Ambre grix, leurs Chambres & Palais
Tapissés à grand pris , parfumés à grand frais.

Pour tromper de l'Hyuer la froidure ordinair:
Sans s'aprocher du feu Chaleur par trop seuaire
Ils eschauffent leur Chambre ainsi côme vn fourneau
Se seruans à dessain d'vn Instrument nouueau
Faict de fonte ou de fer en forme de pirauste
Plain de brasier nouueau: nommè vn Hypocauste
F iiij

Cache dedans leur chambre, en quelque lieu co..
De la Tapiſſerie, où grandnment il ſert,
Rendant vne chaleur, ſi douce & naturelle,
Qu'il ſemble au lieu d'Hyuer, vne ſaiſon nouuelle.

Et pour mieux temperer, de l'Eſtè les chaleurs,
Ils ont des lieux trais frais, iõchez d'herbes & fleurs
Froides au quard degré; Priſes prés des fontaines,
Puis la glace eſt gardee, és Caues ſouſterraines,
Pour rafraichir leur vin, & boire touſiours frais,
De ſorte que ces gens, n'eſpargnent aucun, frais
Pour contenter leur corps tout fondu de delices:

Ainſi ſes Financiers, ſont Dieux en leurs Offices
Par tout en leur logis, le moindre Seruiteur
Se veut à tour de bras, faire apeller Monſieur.
Ses voleurs enrichis, aux deſpends & dommages
Du peuple ruiné, entretiennent à gages
Aumoſniers, Chapelains, Chantres, & Argentiers,
Eſcuyers, Sommeliers, Cuiſiniers, Palfreniers,
Pages, Maiſtre D'hoſtel, Lacquays & Secretaires
Puis ils ont par ſus tout, leurs Intendans d'affaires
ils ont à poinct nommé, leurs joueurs d'Inſtrumens
Singes, Oyſeaux, Guenons, Perroquetz & chiens.

Ceux qui depuis trente ans, n'auoyent pas la realle
Se font a plat couuert, ſeruir à la Royalle:
Bref il ne reſte plus, a ſes grands Financiers
Que ſe faire ſeruir, chacun an par Quartiers,
Pour imiter les Roys, & eſgaler les Princes,
Tout aux deſpends du Roy, ſoulle de ſes Prouinces,

Opreſſion du peuple, & charge des Marchands,
Laboureurs, Roturiers, ouuriers Artiſans,
Qu'a bon droiƈt, ie compare, au Bouc du Leuitique
Qui chargé des pechés, du peuple Iudaique,
Eſtoit chaſſè du Camp, affin d'eſtre Immolè:
  Le pauure Peuple ainſi, chargé & trauaillé
Suporte ſeul, le faix, des miſeres Publiques,
Et tous les larrecins, Cabales, & Pratiques:
Du laron Financier, Fermier & Partiſant,
Il eſt ſeul deſtiné, ainſi qu'vn Bouc Puant,
A eſtre offert pour tous, en humble Sacrifice
Aux pieds de ſes voleurs: ſuportant l'Iniuſtice
De leurs peruers Aduis, Daces Impos Edit
Dont il porte le faix, ainſi qu'vn Bouc maudit,
  Le Peuple diſ-ie encor, eſt de Lucian, l'Aſne,
Lequel ayant porté, ſans Mitre n'y Soutaſne
Comme en Proceſſion, par tout le long d'vn iour
L'Image d'vne Iſis, trouue qu'à ſon retour,
A gandz coups de baſton, à l'eſtable on le chaſſe,
  Le pauure Peuple ainſi, ayant porté la Chaſſe,
Et l'Image & le faix, des Tailles & Tributs,
Trouue pour recompenſe aux plus moindres rebuts
Qu'à grands coups de baſton, la Nobleſſe le traite
Pour n'auoir acomply quelque coruee ou traite
Qu'il doibt à ſon Seigneur; qui le tient engagé
Soubz ſes cruelles Loix, où il eſt obligé
Comme vn pauure Forçat, aux Loix de ſon Comite,
S'il manque tant ſoit peu; Lors ce Seigneur Imite

Le Comité cruel, & de coups va chargeant
Au plus moindre despit, son Vassal & Tenant.
     Cet Asne porte tout : S'il est chargé de Tailles,
Il l'est encore plus, de Rentes Sieurialles,
Rien ne le peut iamais, rendre si opresé
C'est par là, que des grands il est tyrannisé,
S'il leur doibt Oeufx, ou Grains, ou Volaille en essèce,
Il faut tout en argent, changer cette substance,
Mais Dieu quel changement, au double & triple pris
Si le Vassal s'enplaint ; Alors il est espris,
De cent coups de baston ; ou du plat de la l'ame
Cest vn pauure Forçeat, attaché à la rame
Du barbare vouloir, & des cruelles Lois,
De ses Nobles Seigneurs, qui sont depetis Rois
En leurs Gouuernemens, Paroisses, & Bourgades,
Ilz font trembler le Peuple, auec Rodomontades
Ilz menassent le Ciel, l'Aer la Terre, & les Eaux,
Et se font adorer, comme Dieux aux Vassaux.
     S'ils võt ouyr la Messe, au Tẽple en leur Paroisse
Affin que leur grandeur à ce Peuple, aparoisse,
Ils sont accompagnés, d'vne suitte de gents,
De Valets & Lacquays, & Pages diligents
A tapisser le banq, ou Monsieur, s'agenouille,
Alors tous les Vassaux, acourent comme en foulle
Pour adorer ce Dieu : remplis d'estonnement
Voyant luyre & briller, ce rouge acoustrement,
Dont pour lors est vestu, ce second Mars en Terre,
Qui les va menassant, d'vne prochaine guerre.

Ainsi qv'ne Comette effroyable en rougeur,
Nous va prognostiquant, quelque futur malheur,
De mesme cet habit, d'vne couleur sanguine,
Ne presage au Paysant, que malheur & ruyne,
    Mais comme dict Marot, reprenons nos Moutōs,
Et de nos Financiers, les charges raportons
Qui ruynent l'Estat, qui faict que ie m'estonne
Qu'en oultre les Tributs, qu'on doibt à la Couronne,
Comme on peut subuenir, aux frais des Financiers
Qui emportent du Roy, tous les plus clairs deniers:
    Pour les gages payer de Messieurs des Finances,
Sur l'Espargne l'on prent, des sommes tres Immenses,
Sans le tour du baston, & autres reuenus,
De gage ilz ont par An, Douxe Cents Mille escus:
    Considere, Lecteur, cecte enorme despence,
Le riche Duc de Saxe, & celuy de Florence,
Nont point de leurs Duchés, des reuenus plus grans,
Comme Trois Milions, & Six Cents Mils francs,
Qu'il faut aux Financiers, par chacun an de gages.
    Il n'y a que Cent ans que les plus grandes charges
Des Tailles & Tributs, Subsides, & Impos,
N'exedoient point alors, de Taillon & de Gros
Plus de trois milions, & six Cents mille liures
Ainsi qu'on trouue escrit dedās nos vieux Registres:
    Et cependant on void, en ce Siecle peruers
Sans regle sans Police, où tout est à l'enuers
Que pour gages il faut, à ses troupes Royalles
Autant comme autrefois valloient toutes les Tailles;

Ie parle seulement, de tous les Financiers
Sans faire mention des autres Officiers
Que pour payer trestous, la somme est estimee,
A autant de deniers, Qu'il faut pour vne armee
Au grand Turc pour deux ans, qui me faict admirer
La richesse de France, & bien Considerer,
Que la plus moindre piece, issue de sa ruyne,
Vaut vn petit Royaume, en richesses Insignes.

    Qui ne detesteroit, ceste confusion
Ce desordre en l'Estat, cete profusion,
Des finances du Roy, follement despendues
Et sans necessité, aux gages confondues
De ce nombre effrené, d'Inutils Officiers,
Receueurs Generaux, Commis, & Thresoriers,
Dont les vacations, Commissions, voyages,
Gages, frais, entretiens, & autres apennages,
Engloutissent du tout, comme vn gouffre beant,
Les Finances du Roy, ses Coffres espuisant,
De Deniers chacun an : Car ces ames Venalles
Ont plus de la moytié du reuenu des Tailles,
De façon que l'Escu, passant par tant de mains
D'Alambiq, de creuzets, de retortes, de bains,
Dechet moytié de prix, auant qu'il coule & gaigne
Dans les Coffres du Roy, & sa Royalle Espargne
Si bien que d'vn escu, il n'a pas trente souls
Sans mille larecins, que l'on commet dessoubs :

    Les trois poincts principaux, de nostre Aritmetique
Sont par ces fins Larons, souuent mis en pratique,

Il s'aydent pour voler, de la Substraction,
Qu'ils ioignent puis apres, par vne Adition
A leur bien Paternel: Et de ses deux ensemble
La Multiplication & richesse s'assemble,
Si bien qu'à calculer, ils sont si fines gens
Qu'ils trompent les meilleurs Aritmeticiens,
Pour la Substraction, la Recepte est idoine,
Et par l'Adition, on ioinct au patrimoine
Ses Deniers desrobés : pour grossir le fagot,
Et de ses deux former, vn pretieux lingot,
La multiplication, qui le tout augmente,
Leur donne en peu de temps, vingt mil liures de rente
Et leur faict acquerir Terres nobles, Chasteaux,
Tout au despens du peuple, & des deniers Royaux,
Qui ont Multiplié, au profit de ces Drosles
Si bien qu'il a falu, enfler vn peu les rosles,
Les lignes bien quadrer, voyages supposer,
Et pour fournir leur Compte, Articles composer
De Deniers bien comptés, non payés en despenses
Qu'en rabatant le tiers, ou quart des rescompenses,
Dons, gaiges & Acquits, Pensions Mandemens,
Nature de deniers, subiette aux volemens,
En couchant tout du long, au Papier de leur compte
Tels deniers non payés, desquels on leur tient compte,
Quelquefois ces Messieurs, ruzés supposeront
Des frais de non-valeur, ou soubs main tireront,
Pour atraper argent, Taxes & ordonnances,
Faulses & sans adueu : & soubs les apparences

Du ſeruice du Roy, Impoſeront deniers
Sur le Peuple au profit d'eux ſeulsparticuliers.

   Puis le fóds des Deniers, Royaux, eſt mis au chãge
A, Vzure, intereſt, Marchandiſe & Rechange,
Par ſes bons Financiers, de larecins bouffis,
Qui tous ſes Intereſts mettent à leurs profis,
Faiſant multiplier, le fonds de leurs Recettes
Pour ſondain s'enrichir, & remplir leurs bougettes.

   Tous ceux qui ſont ſoubs eux, ſe monſtrent diligens
A les entretenir, de dons & de preſens,
De Vins, fruicts & gibiers, Drogues Eſpiceries,
Draps de ſoye excellens, rares Tapiſceries
Perles, Chaines, Carcans, affiquets & ioyaux,
Pierres de grand prix dorures & aneaux,
Preſens qu'on nommera, par Commune diſpence
Du Larron Receueur, la longue Patience.

   Sans craindre pour ce faict, comme gens fort ruzès
D'eſtre de Peculat, reprins ou accuſés,
N'i ſans aprehender, nulle Chambre Royalle,
Eſtans bien oſſeurès, qu'en arouſant la ſalle
De plus aſpres Catons, & Seueres Cenſeurs,
D'Vne Eau miraculeuſe, eſgalant en douceurs,
Le Celeſte Nectar, Eau qui comme, Or eſclate,
Priſa au fond du Pactole, ou fleuue de la Platte,
Nul ne recherchera, leurs ſubtils larecins
Et n'en ſeront iamais accuzés ny reprins.

   Ceux là qui ſont Commis à leuer des Subſides,
Tailles, Impos, Empruns & deniers plus Liquides,

Ont sur tous Officiers, ceste perfection,
D'entendre le segret de la Substraction,
Mettant à leur profit, le plus souuent la Cruë,
Qui faict qu'en peu de temps, leur richesse est acreuë,
Faisants monter les frais de leurs commissions,
Gages des officiers, despends, vacations,
A si haut, que le tiers, des deniers de Recette
N'entre aux coffres du Roy, on friponne le reste,
Ce mal prouient du nombre effrenè, d'Officiers
Et principalement, de tant de Financiers.

   Soubs Charles sixieme, aux Estats on feit plainte
Sur le nombre excessif, des Thresoriers qu'en crainte
On auoit tollerez peur d'offencer nos Rois,
Qui aux deux Thresoriers, en adiousterent Trois:
Si bien qu'il n'y auoit, pour lors, dedans la France
Que ces Cinq Thresoriers, dont le peuple s'offenc,
Remonstraut aux Estats, qu'il faloit suprimer,
Les trois derniers receus, & l'Estat reformer.

   Mais si ses gens viuoient, en ce Siecle damnable,
Ils seroient estonnez, de ce nombre effroyable,
De Commis, Thresoriers, Generaux Receueurs,
Qui pour Cinq Thresoriers, auec Six Auditeurs,
Erigez de leur temps, Auec les Quatre Maistres
En verroient plus espois, que de Fourmis terrestres,
Plus que de Hanetons, en la prime saison,
De Guespes & Freslons, au temps de la moisson,
Bref leur nõbre est pl⁹ grãd, s'il faut venir aux preuues
Qu'il n'y a de Margaux deuers les Terres Neuues,

Dedans l'Isle aux Oyseaux : Isle ou Iacques Cartier
Emplit de ses Margaux, vn grand Nauire entier
Presqu'en demi quard d'heure, Et leur effrené nombre,
Voltigeans par les airs obscurcist de leur ombre
La clarté du Soleil ; Mais quant à moy ie crois,
Que le nombre est plus grãd des Financiers Frãçois
Quel desordre de voir en la Paix Florissante
Au lieu d'vn Receueur en fourmiller Cinquante,
I'entends des Receueurs seulement Generaux
Sans les particuliers , & tous les Triennaux:
      Quelle pitié de voir cette armee inombrable
D'officiers de Finance, elle est presqu'incroyable,
Tant & tant d'Intendans & de Surintendans
Tant de Maistres de Compte, Auditeurs, Presidens,
Thresoriers de l'Espargne , & de Commins d'icelles
Thresoriers des parties aux effetz Casuelles,
Thresoriers Generaux, Clers, Controlleurs , Greffiers
Receueurs Generaux , & les particuliers,
Et tous les Triennaux , mis en ligne de Comptes,
      Voila les escadrons de noz Chambres des Cõptes
Voila le nombre espais , de Carnassiers : Oyseaux
Qui deuorent la France , & les Deniers Royaux
Voila le noir touffeau, de Chenilles rongeantes
Qui gouspillent les fleurs & tiges verdoyantes
De nos beaux Lys François , Voila les Serpenteaux
Les Couleuureaux retors, & meschans Sautreaux,
Qui deuorent les bledz l'argent & la substance,
La mouëlle & le sang , du Peuple de la France,
                              Ie respecte

Ie respecte tousiours ceux qui sont gens de bien,
Qui seruent à l'Estat de fidelle soustien,
Ie m'adresse aux meschans de tres peruese race:
Les Valets de Xantipe, auoient meilleure grace
Aupres du laid Esope: ainsi les vertueux
Comparés aux meschans paroissent beaucoup mieux,

Licurgue ne peut pas, donner mieux à cognoistre
Les sobres Candios, qu'en faisant aparoistre
Les excés superflus, des gourmands Ioniques.

Ceux de Lacedemone excellens Politiques,
Voulans à leurs enfans le vin faire abhorer,
Leurs esclaues & Serfs ils faisoient enyurer,
Afin de leur monstrer la grande difference
Du sobre, au laid yurongne, insensé sans Prudence:
Ainsi pour faire voir, la vertu en son iour
Le vice son contraire on doibt peindre a l'entour.

Pour donner donc le lustre aux Financiers fidelles
Au Roy, & à l'Estat, ie peins les Infidelles
Iniques & Larons, auec le noir pinceau,
De ses Critiques vers; Quel effronté cerueau
Ozera m'en blasmer, si leur crime il ne flatte
Mais qui se sentira trop roigneux si se gratte.
Mon caustique n'agist, que sur ces corps chancrés,
Qui les Deniers Royaux de France ont deuorès,
C'est à eux seulement que parle ma Satyre,
Non aux bons Finãciers, qu'en grãd nõbre on void luire
Au Ciel de cet Estat, comme Astres flamboyans
Parmy l'obscure nuict des larons & meschans,

G

Issus de fort bas lieu, dont la riche abondance
S'est acrue aux despends du Roy & sa Finance.
    Soubz ombre que ses gens ont mis quelques deniers
Dans les Coffres du Roy, pour se faire Officiers,
Tout le Peuple en patist, & sa Maiesté mesme,
En reçoit puis apres, vne ruyne extreme.
    Ces deniers aduancez on luy vend cherement,
S'il en reçoit pour lors, quelque soulagement,
En ses necessitez, Le mal qui en procede
Et la perte en apres ce bien cent fois excede
Le Roy de ses Deniers est bien peu soulagé,
Et neantmoins son Peuple en demeure chargé,
Foullé & oprimé, Inuention trouuee
Pour ruyner l'Estat; Car si ceste couuee
D'Officiers frais esclos, quelque bien aportoit
Au Roy, & à l'Estat, ce mal on souffriroit
Bien plus facilement : on prendroit patience
Car le peuple à son Roy doit rendre vne assistance,
Et tres-humble à ses pieds, ses biens sacrifier,
Et sa vie, & son sang, tres-fidele employer
Du tout à son seruice, ainsi qu'à son cher Prince :
Mais il luy fasche bien, de voir ces gents de pince
S'enrichir aux despends du Roy, & ses Subiets,
Drappez, iusqu'à la corde, & aux derniers filets
Par ces Rats Financiers cette engeance inhumaine
Qui non contens d'auoir, tonzé & pris la laine
Du peuple despouillé, par quelque impost nouueau,
Taschent en l'escorchant de luy ouurir la peau

Pour humer tout son sang, à guise de ventouse :
Bref soubs ombre qu'ils ont avancé de leur bourse
Quelques deniers au Roy, pour auoir leurs Estats,
Le peuple est ruinè, & mangé par ses Rats,
Succé, & descharné, iusques á la moüelle
Qui menasse l'Estat d'vne cheute mortelle :
    Car si ces membres sont de maladie atains
Languides, indispos, Etiques & mal sains,
Hé, que fera le Roy, qui est le chef vnique
Des membres de l'Estat, Royal & Monarchique,
Que de se ressentir de la debilité
De ses pauures Subjets, comblez de pauureté,
Et la pluspart reduis à la triste besace
Par ces peruers larons, ceste maudite race,
Tant de ces Financiers, que de ces Partisans,
Fermiers, donneurs d'aduis, Male tostiers meschans,
Sources de noz malheurs, Archiues, Protecolles,
Premiers originaux de tous les Monopolles,
Ruineux euidens, dommageables contras,
Partis, conuentions, conseils pleins de fatras,
Cabales & aduis, inuentions peruerses,
Edits pernitieux, & mille autres trauerses
Dont le peuple a receu vn tres-grand detriment,
Sans apporter au Roy aucun soulagement.
Encore si ces deniers tirez par l'artifice
De ces Maletostiers, tournoient au benefice
Des affaires du Roy, on se contenteroit,
Et le peuple gayement le mal supporteroit,

Se tenant tres heureux de pouuoir satisfaire
Au Roy son souuerain, & humble luy complaire,
Mais de voir ces larrons, & ruzez Partisans,
Au despends de son bien, leur fortune esleuans,
Se gorger de son sang, se nourir de sa graisse
Tirer leur en-bon-point de sa foible maigresse,
Et sur sa pauureté bastir le fondement
De leur riche grandeur : Ce seul ressentiment
Le contraint auiourd'huy d'offrir au Roy sa plainte,
Et se jetter aux Pieds de sa Mejesté Saincte,
Implorer son secours en toute humilité,
Se voyant oppressé de la necessité,
Spolié de son bien, tombé en indigence,
Par ces donneurs d'Aduis, ordures de la France,
Malandres de l'Estat, sa Peste ses Charbons,
Ses vlceres, antrax, ses chancres ses bubons :
Saffres Oyseaux de Proye acharnez sur le Leurre
Du gain & du profit, Oyseau de male-augure,
Nocturnes Chats-huans, cachez dedans la nuict
De leurs inuentions peruerses & sans fruict.
Serpenteaux de l'Exode, infettes Sauterelles :
Qui rongent de l'Estat, toutes les fleurs plus belles
Grenoüilles de Pharon, Tiercelets de Cacus,
Semblables au voleur, & traistre Antolicus
Qui faisoient à Mercure vne basse Priere,
Que tous ses larcins, paruspent au vulgaire
Oeuure de charité : souz ce mesme trafiq,
Ces gents, leurs larcins couurent du bien publiq,

Chameaux qui n'ōt pouuoir de boire qu'en eau trouble
Salemandres viuans dans la flamme du trouble,
Mouches qui vont glissant sur les marbres polis,
Et s'arrestent es lieux aspres & mal polis:
Vrais Mulets Pardiens, qui de morue escumeuse
Souuent vous repaissez : Vermine infructueuse
De vilains Escarbots, qui d'ordure viuez,
Chauue-souris de Nuict qui, l'ombre poursuiuez,

Que l'arbre soit maudit, qui de son ombre estouffe
Sa racine, & la tuë: Et maudite la touffe
De Chenilles rongeant, la branche où elle naist,
Et de sa fueille verte, ingrate se repaist.

Que maudit soit celuy, qui bastit sa fortune
Sur le saq ruineux de sa mere commune,
De sa chere Patrie, elle qui la nourry
Et dans son tendre sain, alaitté & chery,

O maudits Partisans, Viperes detestables,
Poulpees desnaturez, vous estes tous semblables,
Les membres vous naurez, de vos Progeniteurs
Et de vostre Patrie, estes les deserteurs,
Vermine d'Ousterons, Partisans plains d'ordure,
Qui aspres vous iettez, sur la Moisson plus meure
De nos prosperitez, estant preste à coupper
Et par maudits aduis, taschez de l'vsurper.

Lernes de malencontre, & boëtes de Pandore
Dont le mal est issu, qui la France deuore,
Maudits Cheuaux Troyens, qui de leur ventre creux,
Ont produit tant d'Aduis, à l'Estat dangereux.

Engeance de l'Herebe, auortons Plutoniques,
Qui par inuentions, du tout Diaboliques,
Ruinéz, acablès, oprimés, trauersés,
Les membres de l'Estat, qui sont si oppreßés,
Du lourd & pesant faix, de vos aduis damnables
Qui les rend à iamais, pauures & miserables,
Carcaßes qui n'ont plus, maintenant que les os
A qui le Partisan, ne donne nul repos
Tandis que dans les biens, il se veautre & se baigne.

Diray-ie rien icy, de la petite Espargne
De la Confection qu'on nomme des Contans
Laquelle commencea, n'aguere, soubz le temps,
Et le regne embrouillé, du Roy Henry Troisiesme,
Lequel bien qu'illustré, d'vn double Diadesme,
Qu'il eust vn bel esprit, vn grand entendement,
Vne grande sageße, & tres-clair iugement,
Si est-ce toutesfois, qu'il se laißa surprendre
A quelques Conseillers, qui luy firent entendre,
Qu'il falloit prés de luy, establir ce Bureau
De la petite Espargne: Vn subiet tout nouueau
Au Peuple de reuolte, occasion de Ligues
De mescontentemens, & de sourdes Pratiques,
Les Grands poußans le Peuple, à ces rebellions
Voyans le grand desordre & les profusions,
De ce Roy liberal, espuisant ses Finances
Alterant les status, Regles & Ordonnances,
Par la creation, du grand nombre d'Edits
Que pour tirer argent, furent lors introduits

A la foulle du Peuple, accablé de ruyne,
Estincelle de, Ligue, & de guerre Intestine
Qui forçca ce grand Roy, de France & Poulonnois
Pour recouurer argent, d'outrepasser les Lois
Les Regles & status & anciennes formes
Dont son Estat tomba, en d'estranges Symptomes,
D'horrible maladie, & de conuulsion,
Qui mirent ce Royaume, en grand confusion,
Si aspre & violente, estoit sa maladie
Qu'il n'y auoit en luy, aucun espoir de vie,
Tant ce mal trauailloit, ses membres de douleur
Donnant par sympatie, à la teste & au cœur:
Pour remede on recourt, à des gents Empyriques
Medecins Charlatans, qui par drogues Chimiques,
Mirent ce pauure Estat, à deux doigts de la Mort
Ces Medecins d'Estat, pour remede eurent tort,
De laisser sur son corps, si long temps ses Sangsues,
Ses Guespes de la Court, d'vn chacun recogneues,
Lesquelles, peu à peu, ce grand corps affoiblirent,
En luy humans le sang, & si tres bas le mirent,
Par fortes potions d'Antimoine & mercure,
Dont les cruels effects debilitans Nature,
Rendirent sans vigueur, ce corps pasle & deffaict
Haue, Etique, plombé, iaunastre, & contrefaict,
Debile, languissant, blafard & Caquéxique,
Bref ce mal requeroit, vn plus doux Catartique
Que ces fors Corosifs penetrans iusqu'aux os.
Ses sangsues furent lors, les Daces & Impos,

Humans le sang du Peuple, & les Edits iniques
Furent cet Antimoine, & Mercure caustiques:
Et les Guespes de Court, furent les chers Mignons
Fauoris de ce Roy, qui riches de ses dons
Effleurerent l'argent, & les deniers de France,
Espuizans, importuns, les coffres de Finance,
Outre les larecins, d'vn tas de Financiers
Fermiers, donneurs d'Adus, Partisans Couratiers:
　　De cette maladie, en fin voila les Signes
La cause & les effets, de ses humeurs malignes:
Qui tenoient lors l'Estat, dans le lict agité
De cruelles douleurs, aux membres tourmenté:
　　Ces membres, c'est le peuple, & le Roy c'est la Teste,
La Noblesse le cœur Et la ratte moleste,
Ce sont les Officiers: Qui cette Ratte imitent
Qui s'emplissans d'humeurs, les Membres amaigrissēt.
　　Le foye entretenant, de ce corps le parterre,
Ce sont les Vilageois, qui labourent la terre.
　　Ce corps malade au lict, n'esperoit guarison,
Si ce grand Medecin, du tyge de B O V R B O N,
Si nostre grand Henry, de ce Nom Quatriesme,
N'eust aporté remede, à vn mal si extrème:
Bref si cet Esculape, & Apollon François,
Ce Phœnix des Guerriers, ce Soleil de nos Roys,
Cet Alcide indompté, n'eust donné du remede
A cette Pauure France, & malade Andromede
Expozee, ô malheur, au Monstre de la mort,
Elle eust soudain franchy le Carontide bord.

Mais ce Hercul François, inuincible Persee,
A ce monstre cruel, la voyant exposee,
Sur Pegase montè, vient tost la secourir
Autrement elle estoit sur le poinct de mourir,
Ce beau Cheual aislé, montra la diligence
Dont nostre Perseus, Monarque de la France,
Vsa, pour deliurer ce royaume affligé,
A la Ligue expozé ce fier monstre enragé,
Lequel sans son secours, & prompte garantie,
France nostre Andromede, il eust tost engloutie.
  Ce fut ce grand Thesee, indomptable Guerrier,
Lequel par sa valeur, deliura de danger
Nostre France, domptant tous ces fiers Minotaures
Du Dedale Ligueur, & les cruels Centaures
De la rebellion : Ce fut ce grand Orphee,
Qui ramena sa France, Euridice en trophee,
Des Abismes profonds des Ciuilles fureurs,
Et qui seul apaisa ses fiebureuses chaleurs,
Conuulsions, hocquets, Syncopes, frenesies,
Yeux ternis, front de suif, tramblantes acrisies,
Vrays Symptomes ne mort, Dont ce grand Medecin,
Ce Hercule François, cet Apollon Diuin,
Deliura nostre France, & par miracle estrange,
La remet en santé: & sa foiblesse change,
En vn corps bien dispos, puissant, fort & nerueux,
Pour soustenir l'effort, de tous les enuieux
Qui voudroient l'ataquer, ou luy faire dommage
L'ayant fortifiee, & remise en Courage,

Et montée au sommet de la felicité,
Au Cercle Apogean, de sa prosperité,
Sur le plain & le rond, de sa bonne fortune,
Sans craindre desormais, ceste troupe importune
D'Estrangers ennemis, causes de sa douleur,
    Cest Alcide Gaulois, la remist en vigueur,
Au comble de bon-heur, en richesse abondante,
En Noblesse, Soldars, & Citez florissante,
Releuee en grandeur, respectee des Amis,
La crainte & la terreur, de tous ses Ennemis,
Puissante en ses Chasteaux, Forteresses, gensdarmes,
Bastilles plaannes d'Or, Arzenalz comblez d'armes.
    Muses nous tardons trop, sur ses Digressions,
De nos premiers discours, les erres poursuiuons,
Touchant ses Financiers. Et voyons quels regimes,
Nous pourrons ordonner en Medecins intimes
Au corps de c'est Estat, qui encor à present
De petites douleurs, en ses membres resent,
Qui le vont menassant de quelque reuerdie;
    Or pour mieux coupper pied, à ceste maladie
La cause il faut chercher, Simptomes, Accidens,
Pour y remedier, en Medecins Prudens:
La cause est, que sa Ratte, est dure & opilee
Les meschans Financiers, l'ont grossie & enflee,
Des Finances du Roy, Voleurs s'enrichissant,
Qui les membres du corps, vont fort amaigrissant
Comme la Ratte s'enfle, & grossit de nature,
Les membres desaichés, maigrissent à mesure.

Ainsi les Financiers, enflés de ses Deniers,
Les membres & le Peuple, en maigrissent premiers.
  La Ratte il faut purger, qui trop plainne regorge
Aux Larons Financiers, faut faire rendre gorge,
Ils sont par trop enflés, d'humeur pecunieux,
Qui le Peuple à rendu, tres pauure & disetteux,
Et le sang qu'ont humé, de la Court ses Sangsuës,
Dont leur ventre est si plain, qu'elles en sont bossuës.
  Il faut en les pressant, leur faire reuomir
Ce sang qui de l'Estat, la face à faict blesmir,
Ces Deniers desrobés, ne sont en Alemaigne,
En Turquie, Italie, Angleterre, où Espaigne,
A là Banque ils ne sont, Chez les Venitiens,
Où en celle d'Anuers: Ses Larons opulens:
Gorgés de nos Deniers, chéz nous font residence,
On les peut recouurer, pour donner assistence,
Au Roy, & ses Subjects: Ce sang n'est allé loin
Il est tant seulement reserré, en vn coin,
Du corps particulier, où sans beaucoup de painnes
On le peut remplacer, & le remettre és vainnes
Du corps de cest Estat: Pour luy donner vigueur
Conforter le Ceruean, ses membres, & le Cœur,
  Il faut vn peu presser, la Financiere Esponge,
Et dans l'humeur espraint, que les membres on plonge
Du Corps de cest Estat, maigres, alangouris,
Ethiques, desaichéz, languides, & flestris,
Rendant par vn pressis, ceste esponge fluide
Pour les rauigourer, de son humeur liquide,

Le ius qu'on tirera, de sa compreßion
Est vn bon restaurent, en cette opreßion,
D'ethique maladie, vn Doux Electuaire,
Vn Syrope Magistral, Soulageant la misere
Du Peuple desaiché, qui n'a plus que la peau,
Plus aride, & plus seq, que n'est vn vieil fourneau:
Qui le contraint chercher, quelque douce alegeance,
Pour se voir deliuré de la maudite engeance
De ses larons peruers, dont la punition,
Pour apaiser des nerfs, cette conuulsion.

    Si de droict on punist, les larons Domestiques
A plus forte raison, tous les Voleurs publiques
On void les Laronneaux, Coupes bourse fripons,
Pourir dans les gibets, & languir es prisons.

    Les gros larons chez eux viuent en petis Princes
Les petis on punist, pour des suiets fort minces:
Ces grands qui ont volé, le Roy à millons
Basty de ses Deniers, superbes Pauillons,
Acquis de touttes pars:. Chasteaux & Terres Nobles
Bien que par cy deuant, ils n'eußen en Vignobles
Que deux maigres Arpens, peu de fruict raportant
Vne pauure maison, terrassee au pendant,
D'vn sterille Costeau, & aride Montaigne,
Et maintenant enflés des Deniers de l'Espargne,
Viuent en des Palays, bastis de Larecins,
Sans crainte ny soubçon, d'estre iamais reprins.

    Voila de nos malheurs, l'origine & la source,
Que si on les punist, ce n'est que par la bourse,

Pressant vn peu l'Esponge: Encore rarement
Ce qui les enhardit , à voler librement,
Sachant qu'à bon marché, ils seront tousiours quitte
Qu'apres s'estre seruis, d'excuses & refuittes,
S'ils se trouuent en fin attains & conuaincus,
Ils s'asseurent rendans, quelque somme dE scus,
Sauuer vie & honneur, subiet a ces escornes,
Que d'vn Bœuf desrobè, s'ils en rendent les Cornes
On se contentera, gaignans encore assés:
Ainsi s'esuanouit, leur Crime & leur Procés,
D'vn peu d'argent rendu, Dont le Roy se contente
Sans plus craindre le feu, de cette Chambre ardente,
Estans bien asseurez, qu'en semant des Doublons,
De faire ardre en son feu, les Informations,
Preuues & Examens , en tels cas ordineres,
Que l'or estaint l'ardeur, des Iuges plus seueres
Par miracle rendant, deux contraires effets,
Il ard par sa chaleur, la preuue des mesfeEts,
Par son humiditè, il esteint & tempere,
Des Iuges alterés, la bouillante cholere.

   Voila nos Financiers, finement eschapés
Rendans quelques deniers, qu'ils auoient attrapés
La crainte du gybet, leurs esprits plus ne ronge,
Mais il faut derechef, espraindre leur esponge ,
Qui s'est depuis le temps, enfles extremement,
Il leur faut faire rendre, & reuomir l'Argent,
Que puis vingt ans en ça qu'ils payerent l'amende,
Ils ont lareciné: Ce sera vn Offrende

Tres agreable au Peuple, & ce doux chastiment
Luy pourra aporter, quelque soulagement.

   Ce ius luy seruira de drogue singuliere
Pour appaiser l'ardeur de sa fiéure legere
Fiébure hors de danger, de tous mortels excés
Qui ne peut en la Paix , auoir de forts accès :
Sa fiéure seulement, Tierce, & Intermitente,
Vn vomitoire seul, est chose suffisante,
Pour la chasser du corps , qu'elle a tant fait blesmir ,
Il faut aux Financiers, vn peu faire vomir
L'ors qu'ils ont aualé, comme iaunastre bile,
Ce remede sera, excellent & vtile.
Leur auide estomac de larecins chargé,
Par ce vomissement rendra fort soulagé,
Le corps de cet Estat , & sa fiéure appaisee,
Par ce iaulne metal, sa plus douce rousee,
Son Iulilept cordial, propre pour humecter,
Ses membres desaichez, & l'amertume oster,
Qui luy donne degoust, & tres mauuaise bouche,
Luy esmeut la cholere, & luy ferme la bouche :
Voyant ces Financiers iniques & meschans
Attaints de Peculat, auec leurs Partisans,
Apres auoir pillé les finances Royalles,
Par leurs maudits aduis , & peruerses caballes,
Si leger chastiment pour ce crime encourir,
Cela fasche le Peuple, & le met au mourir.

   Quoy ! n'oze ton rien dire à ses ames altieres ?
Delarons Financiers, riches de nos miseres ?

Qui tiennent sur son plain, leur vollerie debout,
Establie & formee, & mise en son haut bout,
Qui donnent la liuree, & font porter escharpe,
A leur crime public, comme au Soldart d'Estape;
Et de leurs larecins, effrontez ozent bien,
Esleuer vn trophee au Dieu Cylenien;
Gents qui font de voler si public exercice,
Qu'à ce Dieu des larons, ils offrent sacrifice,
Immolans pour victime à ce Nepueu d'Atlas
Les despouilles du peuple, accablé & si las,
Du faix, que sa clameur comme iuste on concede;
Mais on peut aysement luy donner du remede
Et son mal languißant, à sa source empescher,
Il faut tant seulement le nombre retrencher,
De tant de Financiers, en larrecins fertilles,
Qui comme autãt de Rats, Freslons, Guespes Chenilles,
Rongent de nos beaux Lys, les tiges, & les fleurs;
Comblant ce pauure Estat, de cuisantes douleurs.

    Et comme l'Empereur en sa chaleur fiéureuse,
Se plaignoit, en mourant, de la toupe nombreuse
De bauards Medecins, instruments de sa mort:
Ainsi le nombre grand des Financiers qu'à tort,
En la France on permet, luy causeront sa perte,
Laquelle est si publique, euidente, & aperte,
Que nul n'en peut douter: Quant à sa guarison
Elle despend du tout, de la supreßion
De ce nombre effrené, d'Officiers de Finance,
Et lors on reuerra reflorir nostre France,

Reprendre son esclat, & antiquite splendeur,
Sa gloire sa beaute, & sa viue couleur.

Tout ce bon heur despend, de vostre alme prudence
Puissant Roy des François, Grand Alcide en vaillãce
Qui seul estoufferés, tous ces monstres d'erreurs,
Faisant sur vostre peuple, esclater vos faueurs:

SIRE on tient que l'Iris, de couleurs bigaree
Respandant ses rayons, de la voulte azuree,
Dessus l'Espine blanche, embaulme & rend sa fleur,
D'vne tres agreable, & doux flairante odeur.

GRAND Roy si vous iettiez, les brillõnãs rayons
De vostre Maiesté, sur les afflictions,
De vos pauures Subiectz, qui herissès D'Espines,
De mille aduersités, ressentent les rapines,
Des larons Financieres, qui les vont deuorant,
Et le sang de l'Estat, goutte, à goutte, espuisant;
Ainsi comme Vaultours, Oyseaux Insatiables,
Qui rendent vos Subiects, pauures & miserables:
Si dis-ie vous iettiés, sur eux voz brillans yeux,
Ce seroit vn parfun, Cent fois plus pretieux
Sur eux, que l'Arc en ciel, dessus l'espine blanche
Si par supression il vous plaist qu'on retranche
Ce grand nombre excessif, de Financiers peruers,
Auec les Partisans Donneurs d'Aduis couuers,
Ce bien surpasseroit, tout le parfun Indique,
Sur l'espine espandu, du Peuple & Republique.
Parfun si excellent, que l'odeur doux flerant,
Les membres de l'Estat, iroit rauigourant.   FIN.

9 782329 794365